新时代"三农"问题研究丛书

农村公共空间的
转型研究

陈晶环 ○ 著

西南财经大学出版社
Southwestern University of Finance & Economics Press

中国·成都

图书在版编目(CIP)数据

农村公共空间的转型研究/陈晶环著.—成都:西南财经大学出版社,
2023.5
ISBN 978-7-5504-5323-4

Ⅰ.①农… Ⅱ.①陈… Ⅲ.①农村—社会变迁—研究—中国
Ⅳ.①C912.82

中国版本图书馆 CIP 数据核字(2022)第 066621 号

农村公共空间的转型研究

NONGCUN GONGGONG KONGJIAN DE ZHUANXING YANJIU

陈晶环　著

策划编辑:李建蓉
责任编辑:李特军
责任校对:陈何真璐
封面设计:何东琳设计工作室
责任印制:朱曼丽

出版发行	西南财经大学出版社(四川省成都市光华村街55号)
网　　址	http://cbs.swufe.edu.cn
电子邮件	bookcj@swufe.edu.cn
邮政编码	610074
电　　话	028-87353785
照　　排	四川胜翔数码印务设计有限公司
印　　刷	郫县犀浦印刷厂
成品尺寸	170mm×240mm
印　　张	9.5
字　　数	156 千字
版　　次	2023 年 5 月第 1 版
印　　次	2023 年 5 月第 1 次印刷
书　　号	ISBN 978-7-5504-5323-4
定　　价	68.00 元

前言

改革开放 40 多年来，中国农村发生了三个层面的变化。一是物质层面的变化。随着家庭联产承包责任制的推行、城乡关系的改善、新农村建设、精准扶贫和乡村振兴战略的实施，农村的硬件环境得到了较大改善，农民收入水平得到显著提高。二是精神层面的变化。伴随物质基础的夯实，农民的价值观和世界观也发生了改变，具有乡土性的互惠观、家庭观、生产和消费观逐渐弱化，转而形成了更具有个体化、多元化的价值观。三是关系层面的变化。其中，包括城市与农村的关系、国家与农民的关系、人与地的关系，就连家庭成员、邻里关系都发生了重大转变。尤其是在 2000 年之后，这三个层面的变化到达了一个关键节点。伴随农村这三个层面的变化，农民基础生产生活秩序的公共空间结构也在不断调整。

作为国家与社会二元分化的产物——公共空间，其承载着国家与社会的互动活动，并在国家与社会力量对比造成的情境中成长。中国传统农村社会具有强烈的公共空间内涵，具有内生性和天然自治性。费孝通认为，中国传统社会存在两个互不干扰的秩序中心，即"国权不下县，县下惟宗族"，形成了"双轨制"治理模式。秦晖则把这种"双轨制"的模式概括为"国权不下县，县下惟宗族，宗族皆自治，自治靠伦理，伦理造乡绅"。受先秦时期道家思想中"无为主义"的影响，历史上的很多皇帝都愿意采取"休养生息""无为而治"的政策，不愿意过多地管理县级以下基层行政单位。因此，县级以下基层行政单位常常会变成权力的"真空地带"，政策的下达、反馈与实施常常依赖于乡绅或者宗族，在乡村形式规则、标准、权限、认识和资源方面按照乡村独立自理自治，县级以下基层行政单位可以说是民间自治、社区自治体。改革开放后，特别是在计划经济向市场经济转轨的重大背景之下，城乡人口流动（农民工进城、农村城市化）、政府的整体规划（城中村拆迁、新农村建设、乡村振兴）和政府治理方式的转变等因素使得传统村落的血缘关系、地缘关系、传统精英权威受到了挑战，农村公共空间难以成为独立的自治主体，即在现代契约与传统礼俗的双重作用下，农村公共空间的内涵、结构、功能都发生了变化，与之相关的议题又重新进入研究者的视野中。

从中国现实来看，在全球化和工业化的冲击下，资本与权力对乡村空间的渗透和控制正在重新经历组织化。村庄由"依赖于血缘关系的亲情社会"向"依赖于利益关系的半亲情社会"转变，村级自治组织不断行政化与官僚化，农民群体不断分化，村民因土地、就业、福利等资源而相互竞争，并处于一系列博弈、"商议"等策略关系中，导致公共空间的整体性、参与成员的平等性和广泛性、讨论议题的开放性面临挑战。

本书主要包括三部分内容。第一部分阐释了本书的研究起源、相关文献、研究设计、研究方法、研究背景等基本情况。在改革开放的40多年中，田野点——A村的变化表现在社会、家庭、个人三个层面上，具体表现为农村社会由政治阶层社会向经济阶层社会转变、农村家庭由凝聚性家庭向分散化家庭转变、农民个人身份由社员身份向农民工身份转变，而村庄层面组织形态和个体层面生活方式的变化带来了传统农村公共空间的式微。第二部分主要是从纵向和横向两个方面来论述农村公共空间的转型。在纵向方面，以历史为脉络，从消费、政治、社会和娱乐四个维度来具体说明公共空间的演变过程。四种类型的公共空间在不同程度上受到国家权力和市场化力量的影响，呈现出商品化、功利化、私人化和城市化等特质。在横向方面，从性别分工和阶层划分角度勾勒出公共空间中的无形边界，从政治经济学的视角分析村委会、村干部的追随者等权力主体对公共空间的人为塑造过程，而这个过程对农民的参与性、表达意愿产生影响。第三部分阐释了在农村公共空间的转型过程中，公共空间的主体——农民并不是盲目的跟从者，其日常交往、互动行为对公共空间形成了塑造力量。个体在现代化的过程中受到两种待遇，既有人的主体性受到压制，也有个体自我意识的增强。个体参与意识和表达意愿在个体化过程中得到充分发育，农民在这一过程中受个人利益的驱动形成多维公共空间的生产、私人空间中的公共活动以及自发的公共活动。自反性力量在微观、边缘的层面上碰触公共空间的性别、阶层、权力限制，推动公共空间的平民化。

陈晶环

2022 年 5 月

目录

1 农村公共空间转型的理论基础

1.1 农村公共空间的转型

对于西方国家来说，现代化是一种本土的发展模式，而对于非西方国家来说，发展的概念与意识是一种舶来品，即西方型的发展主义。这种外来的效仿在实践过程中，推动了第三世界的经济增长，但也不可避免地出现了贫困、饥饿、社会不平等、生态环境被破坏等全球性问题。除了强调发展模式的单一性之外，衡量发展指标的单一性——片面地追求经济发展、物质丰裕、效率提高，忽略了社会、文化、心理因素。将物质追求过高地凌驾于其他追求之上，造成了全球发展统一性、规范性的轨迹，极大地压制了多样性、民族性和文化性的特征。

在这种背景之下，寻求一种多元的发展途径成为新的议题。法国著名经济学家、社会学家弗朗索瓦·佩鲁（1951）早在20世纪50年代就对工业社会流行的发展观产生了怀疑，他倡导一种整体的、综合的、内生的崭新发展观。所谓整体性，是指在各种具体分析之外，不仅考虑人类的各个方面，而且考虑其内在的关系；所谓综合性，是指各种单位和因素聚集在一起，形成一个单一整体；所谓内生性，是指基于历史文化和社会价值，强调人力资源的开发，即社会经济发展中动态的、主体力量的发动，而不仅仅是物质的发展、客观经济体系的发展。这种新发展观强调了后现代主义的多元化、多中心和反基础主义的基础原则，结合自身的文化传统和制度实践，创造出了属于自己的发展方式和发展路径。

1978 年年底，安徽省凤阳县小岗村农民开始实行的家庭联产承包责任制，揭开了中国经济体制改革的序幕。与这种经济体制改革相伴随的是发展进程的推进。其发展的初衷是补救政治因素所造成的社会发展断裂，恢复国家经济动力；其发展的最突出表现是中国总体上正从温饱走向小康、从匮乏走向丰裕，社会成员的物质和文化生活水平逐步得到提高。随着农村发展进程的推进以及农村物质和文化生活水平的提高，人们一些新的需求类型逐步出现，需求层次也在逐渐上升，农民对人文环境产生了更大的需求。同时，随着个体化进程的到来，农民自我完善和自我追求的意识增强，农民也希望有机会进行社会参与。

然而，对于中国这样一个在现代化进程中属于晚发后生型的国家来说，迅速赶超成为我们的一种社会心理情结，超越式发展成为我们的一种主流文化形态。因此，对于发展，我们在知的方面具有片面性，以经济数值作为衡量发展的指标；我们在行的方面具有误差性，追求经济增长的单一发展模式。这种超越式发展观导致发展进程呈现出一些负效应，如城市发展与农村发展之间的不平衡、经济发展与社会发展的不平衡、贫富之间的较大差距、财富增长与资源环境之间的失序，甚至在人的发展中功利追求与意义追求之间的失衡等。对于农村来说，城市发展与农村发展之间的不平衡，经济发展与社会发展的不平衡，这两者汇合在一起突出地表现在对农村公共空间的忽略，忽略农民声音和本土化需求，以及片面地以发展作为衡量公共空间建设的指标。

在改革开放前，中国农村是一个相对封闭的社会，集体制的管理方式使得农民依附于国家。农民的集体意识弥漫于整个社会空间，涵盖了个人意识的大部分，同质性较高的农民之间的整合方式是一种机械团结，国家的强制手段和行政命令是团结得以实现的基础。在改革开放后，发展打破了农村相对封闭的状态，瓦解了传统农村的社会整合方式——集体制。家庭联产承包责任制的实施，使得农民以户的形式从属于农村，改变了过去农民以生产队的方式从属于农村，农民成为相对自由的个体，也开始了西方学者所论述的一种"个体化"进程。然而，中国农民的个体化不同于西方社会中的个体化，西方社会中的个体化是个人主体性的成长。中国农民的个体化过程是一种家庭原子化的过程，即家庭相对独立的成分凸显，个人从属于家庭。然而，现代社会所带来的流动性和不确定性将传统的农村家庭转变为流动家庭，农村家庭俨然已经无法满足家庭成员的多元需求，个体不得不抽离家庭而诉诸社会。中国农村社会的个体化是一把双刃剑。对于农民来说，其不得不独立地站立在没有任何预兆的现代化浪潮中；同时其也带来农民个体意识的增强，可以说个体化将农民从传统的集体制中抽离出来，成为推进新公共空间建设的动因。在改革开放后，特别是在计划经济向市场经济转轨的重大背景下，城乡人口流动（农民工进城、农村城市化）、政府的整体规划（城中村拆迁、新农村建设、乡村振兴）和政府治理方式的转变等因素使得传统村落的血缘关系、地缘关系、传统精英权威受到了挑战，农村公共空间难以成为独立的自治主体，即在现代契约与传统礼俗的双重作用下，中国农村公共空间的内涵、结构、功能都发生了变化，又重新进入研究者的视野中。

但是，此前关于农村公共空间的研究仍比较欠缺的是，对农民这一主体特征的考察。实际上，作为发展成就所产生的农民物质和文化生活水平逐渐提高的一个结果，便是农民需求类型和需求层次的变化。人们在生存的需要得到基本满足的情况下，表达的需要开始呈现。而发展所强调的经济增长是对社会全面发展的异化，即将社会发展压缩为生产、经济的发展，而本应作为发展的主体——个人，则在一片浩荡中湮没在理性、技术、商品之下。因而，作为农民表达的主要载体——农村公共空间在多种现代力量的影响下，经历着不断分解与重塑。改革开放40多年来，农村公共空间经历了怎样的变化，是什么力量促使重塑公共空间，如何重塑公共空间，在这些力量的影响下公共空间在当前又呈现何种状态，而作为主体的农民在面对这种转型和现状时又作出何种反应？这些思考和问题成为本书的研究起点。

1.2 多元视角下农村公共空间的分析

1.2.1 国家与社会的互动

对中国国家与社会互动的研究开始于20世纪80年代末，在这一阶段主要以西方汉学家的研究为主，并加入了市场这一主体。萧邦齐（1999）写了第一本关于中国市民社会的专著——《中国精英与政治变迁：20世纪初的浙江》，认为地方精英对国家权力的使用和控制主要表现在公共事务的广泛参与上。与此过程相伴随的是,从官方向私人转移,自治组织和利益集团能够在新的语境中阐明政治、社会和经济的目标及意义,这些组织在与地方官吏互动、博弈的过程中逐渐培养出政治意识和参与感,并积极地介入地方政府的管理活动中。这使得"公共领域"的产生成为可能。除了国家和社会二元分析外,还存在一种三元分析,即国家、公共和私人。兰钦将晚清的政治话语划分为三种类型,即官、公和私。公共处于官方和私人之间,是自政府和个人形成利益冲突后形成的对国家权威的限制。兰钦认为,16~17世纪东林党人和复社人活跃于明王朝中,已经显示出"公共领域"的特质。在清政府镇压太平天国的过程中,需要汉族地主的帮助,因此地方势力和参与空间急剧扩大。其主要表现在以下三个方面:一是中央集权的松弛,为精英的活动提供了空间;二是识字率的提高;三是绅商精英的出现(黄宗智,2003)。这三个方面的内容在罗威廉的论述中也得到了体现。伴随汉口市长途贸易的增加,地方上出现了规模化和系统化的结构网络,刺激绅商精英的出现,而中央集权在这一阶段的松弛,使得汉口市存在西方城市的某些现代特质,即国家让渡一部分权力给社会,使得公共空间内存在的社会团体具有一定的自治性和共同体特质(黄宗智,2003)。绅商精英成了具有自治权限的商人。但按照魏斐德的说法,所谓的"汉口自治商人"实际上是国家垄断权的产物,是一种"官商经纪人"(黄宗智,2003)。黄宗智认为,在国家和社会即正式司法和血缘司法之间存在第三个领域。在此领域,一方面是官僚化,成为现代国家政权强化的参与者;另一方面是社会化,成为现代社会一体化过程的表征。

20世纪90年代,中国学者逐渐关注到社会与国家的互动。许纪霖(2009)指出,20世纪80年代的中国学术界逐渐意识到:"个人只有组织成社会,成为一种建制化的个人,才构成国家的对应物。换言之,在集体行动中,个人是通过社会与国家发生关系,参与国家的政治事务,甚至个人之间的互动,也是通过社会实现的。"邓正来、景跃进对洛克和黑格尔关于是社会先于国家形成还是国家先于社会形成的论断进行了分析,并提出中国国家与社会的关系是一种良性互动。此外,有学者将社会具体化为第三部门、非政府组织、民间组织等实体形态。康晓光(1999)认为,国家和市场之外存在第三部门,而社会学和政治学都无法明确划定第三部门与其他部门的界限,应该采用经济学的概念,他借助私人物品和公共物品概念为三个部门（第一部门、第二部门、第三部门）划定了内容边界。秦晖（1999）认为，需要明确界定国家和市场分别是以强制提供公益和以志愿提供公益的部门，而第三部门就是以志愿提供公益的部门。俞可平（2006）提出的民间组织，指的是有着共同利益追求的公民自愿组成的非营利性社团，具有非政府性、非营利性、相对独立性、自愿性、非政党性和非宗教性。王绍光（2013）借鉴西方学者对国家的定义，以民间性、非营利性、组织性、自治性和志愿性来界定第三部门。按照以上学者对第三部门、民间组织的定义，社会是独立于国家和市场而存在的，并与之形成独立互动的局面。

1.2.2　农村社会中国家与社会的互动

在农村社会领域的研究中，学者对社会的理解多分布在以下四个方面：一是以村庄内部的成员互动作为社会整体进行分析，包括半熟人社会、无主体的熟人社会、互助互惠，以及茶馆、广场等具体地理空间农民的互动。二是在城镇化过程中，以农民生活状态和生产方式的变化作为农村社会的呈现，包括流动人口与留守人口、农村家庭和农民身份的变化。徐勇（2006）指出，在国家和社会一体化的过程中，农村中的公共性不再受城乡两种地域、国有和集体两种体制、市民和农民两种身份的局限。项飚（1998）以流动人口为切入点，提出农村流动人口的社会网络在国家之外形成了"非国家空间"，或称之为"新社会空间"。在这个过程中，国家政策由最初的禁止转为限制，到最后的放松与鼓励；而与之相对的社会流动是由最初隐蔽的个人流动，转为公开的集体扩张，到最后的社会网络结构化。流动人口结构性地从原有的无所不包的国家行政体系里分离出来，和国家之间形成了明晰的界限。与流动人口伴随产生的是留守人口，他们成为农村公共空间的主体，并从中获得感情支持、多元信息和社会支持（叶敬忠和安苗，2009）。三是从村民自治的角度来探讨农村社会的成长，村民自治也是国家与社会互动的主要表现。徐勇（1999）认为，在孙立平所提出的总体性社会中，农民的主动性和自发性受到了抑制。在强国家-弱社会的格局形成后，村民自治得到实现，村委会成为国家和由具有一定生产自主权的农民组成的社会的交界点。四是以农村的组织形态作为农村社会的成长力量。新兴的农民组织也参与到农村自治中，社会独立性凸显，但农民组织的出现和功能的发挥依旧依赖于国家职能的发挥（李行远，2004），依赖于政府权威的推动（许源源 等，2001）。可以发现，对于农村社会的理解涉及多种形态，既有传统的民间组织形态，也有伴随市场化带来的市场新形态以及国家治理结果下的制度形态。在不同层面的农村社会形态中，形成多元力量的互动，农村社会的成长不仅依赖于国家、市场，而且受制于本土的乡土社会结构。对农村社会的分析和理解，能够进一步厘清农村公共空间所处的生态环境，并对公共空间内部的互动建构过程进行剖析。

1.2.3 公共空间的研究

公共空间既包含一种活动又包含这种活动得以开展的环境。在这里，一个人既能够看到他人也能够被他人看到；在这里，个体既不是被遮掩的也不是沉默的。按汉娜·阿伦特的说法，在这里，他们拥有展示他们是"谁"的机会（菲利浦·汉森，2004）。在哈贝马斯的观点中，像咖啡馆、沙龙等公共场所以及报纸杂志等"公共空间"也是一个核心概念。"虽然不是说有了它们，公共观念就一定会产生；但有了它们，公共观念才能称其为观念，进而成为客观要求"（杨念群，1995）。然而，一些研究始终在哈贝马斯"市民社会"的理论框架内，试图寻找或验证乡村社会是否能够具有或形成具有自主性的社会空间，以抵御"国家全面控制个人和社会"（黄剑波和刘琪，2009），这显然是高估了当下乡村社会"自生自发秩序"的能力，没有看到许多农村正呈现"结构混乱"（董磊明、陈柏峰和聂良波，2008）、秩序解体的局面。因此，需要进一步厘清公共空间的概念和不同维度。

1.2.3.1 公共空间的内涵和本土化

20 世纪 50 年代，英国社会学家查尔斯·马奇发表的文章《私人和公共空间》，以及政治哲学家汉娜·阿伦特发表的著作《人的条件》都提出了公共空间的特定称谓，并对其概念进行了界定。在这个研究阶段，公共空间源于公共领域的概念。阿伦特把人的活动分为三种：劳动、工作和行动。前两者属于私人领域，后者属于公共领域。"劳动和工作都是人类在自然环境中采取的活动模式，而行动实际上是人类之间的互动关系"（迈克尔·H，莱斯诺夫，2001）。在阿伦特看来，人的生存意义需要在共同的活动中交换和展现自己的价值观点，公民生活的存在意义在于公众参与的公共领域，而并非公共利益和集体行动。阿伦特强调公共空间是一个摆脱政治和国家干扰的纯粹公共空间，同时也不受个体利益干扰，公共空间只在于公共参与。与之相近的是，1960年哈贝马斯提出公共空间作为公共领域的载体和外在表现形式，就是各种自发组成的公众聚会场所和机构（包括咖啡馆、沙龙等）。在这个空间内，个体自由言论形成与国家公共事务或集体利益相关的公共舆论，但不受国家干涉。他认为，主体间性存在神秘力量：它把不同的东西统一了起来，但又不会让它们雷同。这种力量展现了受压制的共同体的兴衰特征（尤尔根·哈贝马斯，2011）。他提出，公共空间是指我们社会生活中能够形成舆论的一个领域。这个阶段的公共空间概念属于政治哲学范畴，是一种公民在国家权威之外形成的具有自我表达、自我维护的平台（郭为桂，2005）。伴随公共空间概念的兴起，对公共空间的理解逐渐具体化和微观化。欧文·戈夫曼（1971）认为，公共空间是匿名的陌生人之间在无特定愿望的情况下进行相互作用的领域。其中，所遵循的主要原则是"礼貌性疏忽"，即每个人都可以自由地从事自己所进行的工作，不会因为突然出现而受到集体的集中"注目"，这里的疏忽是指给予新参加者自由活动的权限和舒适感。在某些情况下，从事各自活动的个人也可以对他人形成"有限的帮助"，陌生人之间也会进行有限的互动，比如简单的询问与回答。而其他人或参与此类"有限的帮助"的人，或称为"杰出的观众"，是公共空间内的参与者（斯特凡纳·托内拉，2009）。

20世纪80年代，苏联解体，人们开始重新考虑国家与社会的关系。处于东方社会主义阵营的中国，逐渐引起了西方汉学家的注意，如萧邦齐、兰钦、斯特朗、魏斐德、黄宗智、孔飞力、杜赞奇和罗威廉等人（王玲 等，2007）。在这个阶段，哈贝马斯的公共领域语境逐渐在中国落地，然而如何实现这种西方话语的中国本土化成为讨论议题。魏斐德认为，兰钦和罗威廉等人所讨论的公共领域的部分内容，如会馆，并不属于民间，而是"公"的领域，即官方场域，他反对机械地套用哈贝马斯所论述的资产阶级的公共领域概念来描述中国的情况（黄宗智，2003）。为了形成中国特有的"公共"话语，以及本土社团、乡绅集团、报纸在中国本土城市的影响力，有些学者用"公共空间"的概念替代"公共领域"这一具有特定内涵的概念来分析中国问题（汪晖，1995）。从自下而上的角度，从最普适的公共空间着手，逐渐挖掘其间带有中国意义的"公共领域"和"市民社会"的成分，进行本土化的研究（王玲 等，2007）。公共空间的概念与公共领域相关联，前者的含义范围大于后者，体现公共领域的城邦、咖啡馆、图书馆、沙龙在一定程度上都是公共空间，并呈现出三种特性：一是开放性。公共空间对外逐渐开放，并表现为功能的多样性。二是人文化。以人作为空间内的主体，营造良好的互动氛围。三是弹性化。公共空间不再仅仅局限于一地，随着开放性和人文性的增强，公共空间更具有弹性。

自进入 21 世纪后，学者对公共空间的讨论从概念的确定，以及概念在不同区域、事件中的运用逐渐转向对公共空间在当代境遇的考量。在悲观论者看来，哈贝马斯所说的系统（经济系统和行政系统）的"入侵"造成生活世界的殖民化并因而带来资本主义的合法性危机，现代社会的男男女女感到自己在一个毫无权力的时代茫然失措（查尔斯·赖特·米尔斯，2004），造成了公共空间的式微；在乐观论者看来，西方的公民权在精英的合谋中逐渐衰退，加之个人主义扩张，公共参与的认同感逐渐丧失，使得公共领域成为抗衡政治终结、民主丧失等系统危机的希望。

1.2.3.2　对相关维度公共空间的阐释

（1）公共空间与政治。在西方传统思想中，公共空间的概念常与民主的界定联系起来。蓬勃发展的公共领域是民主的基本条件（查尔斯·泰勒，2004），即通过公共空间媒介，完善人的条件（阿伦特，2001），沟通生活世界与系统（尤尔根·哈贝马斯，2004），拉近公民与国家的距离（查尔斯·泰勒，2004），使民主运转起来（普特南，2001；郭为桂，2008）。总之，民主的活力依赖于分布广泛的公共空间中公民的积极参与。民主与公共空间的关系主要表现在民主源于两种类型的公共空间：一种是政治公共领域（议会、政党），另一种是国家与社会之间的社会领域（大众社会）。哈贝马斯将公共领域划分为政治公共领域和文学公共领域。前者是以社团、政党组织为主体，在社会范围寻求公共舆论，接受公众的认可与监督，并将这种公共舆论纳入自己利益服务的范围；后者是人们在业余生活中参加文学公共领域，进行私人交往，私人对公共事务形成讨论、批判。在某些情况下，非法的公共空间成为现代性条件下新的个人、阶级、阶层彰显自己利益、诉求、愿望的场所，也成为批判、攻击甚至推翻既有的专制特权的场所（塞拉·本哈比，2009；张诚和刘祖云，2019）。格尔兹（2009）在《尼加拉：十九世纪巴厘剧场国家》一书中把巴厘作为一个具体的物理场所来描述其所在国——尼加拉的发展模式。在巴厘这个场域中，存在各种礼仪庆典活动，"如规模宏大的火葬、锉牙、庙祭、进香和血祭，他们的目的并不是促成某种政治结果，他们本身就是结果，就是国家的目的。"在国家这个公共空间中，各种仪式、庆典也都服务于国家的统治与建设。

（2）公共空间与社会交往。摩尔根（1985）在《美洲土著的房屋和家庭生活》一书中论述的印第安人传统房屋模式所显示的家庭内部互动空间的变化表明，氏族的居住方式是一种开放式的居住空间，现代居住方式形成具有私人性质的房间。传统房屋居住形式的变化，既展现了公与私的分离，也展现了独立的公共空间的形成。安德森对法国费城一家室内阅读室进行观察后发现，在这个空间内人们可以建立一种平等的互动关系，人们摒弃了种族偏见，在有限的空间尊重阅读者的个人意见和种族身份，形成了多元的认知和尊重，推动了人们之间互动的多样性（安德森·以利亚，1999）。怀特（1994）在《街角社会：一个意大利人贫民区的社会结构》一书中指出，美国波士顿的意裔居住区的青年在保龄球区、街坊文教馆等街角区进行活动互动，在这个空间内获得别人的信任，形成基本的生活逻辑。怀特这一研究发现颠覆了地区街角留给人们的印象——犯罪的主要场所，展现了街角居民在这里的生活逻辑和互动模式。斯潘（2000）认为，餐馆是一个公共场所，而进入餐馆的每个消费者所使用的餐桌却是极为隐私的。王笛（2008）认为，茶馆的情况与餐馆并不相同，如果在茶馆里一个人单独使用一桌被视为异类，那么这种茶客迟早会脱离中国人的茶馆，而寻求另一个使他更容易社会化的新场所。

（3）公共空间与物理地点。西方消费社会特质的凸显，使得公共空间逐渐"消费中心化"，而商业中心的监视和控制技术区分着人群，并迫使人们的行为完全面向商品的消费而无益于碰面和交谈（林恩·洛弗兰，1998），商场内长凳、长椅的减少，商品货物的增多，让人们更加关注消费品而无法在空间内驻足交谈。鲍曼（2011）指出，在现代的环形商场中，大型商场的建造，不会让人们停下脚步，也不会让人们注意到除了商品之外的其他物品，因为这种公共领域已经成为一种有高昂成本的领域。然而，在相对落后的郊区，商业中心仍然是人们交流、互动的场所。法国社会学家萨米埃尔·博尔德勒伊在法国马赛附近一座大型购物中心内研究无目的的相互作用行为，发现经常光顾的顾客和店员之间也可能建立起非正式的交往（斯特凡纳·托内拉，2009）。简·雅各布斯（1982）认为，购物可以塑造城市风格，购物是复活美国那些不佳城市中心的调味料。消费行为带来公共空间的出现：拱桥、商场、步行街都可以持续地聚集人气，人在公共场所的聚集和交往也正是城市的实质和魅力所在。而越来越大的公共空间需要私人来维持，即一些属于公共服务的公共空间，如机场、高速公路逐渐有了私人成分在里面（徐晓燕和叶鹏，2008；徐宁，2021）。余舜德（1999）在《空间、论述与乐趣——夜市在台湾社会的地位》一文中论述了我国台湾夜市中的个体感受与互动表现。夜市只有在晚上才出现，并没有明确的边界，但固定于一个场所范围，是一个相对开放的空间，也就是每个人在夜晚可以不受任何限制的随时出入。夜市的放松与随意和白天的规范形成了对比，即为个体发泄叛逆情绪提供了空间。消费社会带来了物质的极度丰裕，但也带来了不平等，丰裕和不平等促发了消费者对自身利益的关注。个体在消费社会中个体能力逐渐独立化，并积极追求合作性的互惠受益。这也是消费社会所带来的深刻矛盾，追求个体，但同时个体又无法完成所有，以至于它自己同时受到束缚而变得越来越难以控制。这个矛盾只有通过利他主义（依赖于政府的福利再分配或社会的互助活动）的某种附加才能得以解决（高红和魏平平，2011）。

（4）公共空间与后现代主义。列斐伏尔以结构主义为表征的建筑话语将知识分子对消费社会的批判转移出来。结构主义的建筑形式加剧了建筑与个体日常生活的分离，提出以"日常生活批判"来抵制结构主义思想对社会结构和建筑话语的入侵（汪原，2004）。

简·雅各布斯（2005）在《美国大城市的死与生》一书中从日常生活中的个体感受出发，对将社会生活划分为家庭和公共的二元划分方法提出了质疑，并对功能至上的现代主义城市建筑提出了批判。她认为，家庭和公共生活并不是绝对分离的，家庭也具有公共性。在家庭之外的公共生活中，在以门廊、面包店、洗衣店、公园为具体地理载体的空间内，母亲、儿童、老人都是易受攻击的弱势群体，这些弱势群体成为被规划者，在规划理论中那些衰败的地区和处于衰败地区的居住者被推搡着走向边缘。

沙朗·佐京（1996）在《城市文化》一书中质疑了谁的文化、谁的城市，并回答了为什么宣传者越来越热衷于提升城市公共空间，并将其作为文化创新中心的形象。通过建设城市公共场所，比如体育场、餐馆、广场，开展体育活动、文化表演活动等，吸引的并不仅仅是投资者与旅游者的金钱，文化还可以简化为可以出售的形象，比如器具、主题公园、痴迷的物品等。在城市空间里，拥有经济和政治力量的人们同时也拥有最多的机会，他们通过用控制石头和混凝土建造起来的城市公共空间的建筑来塑造公共文化。但公共空间在本质上却是开放的，谁能够占有公共空间并定义城市的形象，从根本上说是一个没有确定答案的问题（包亚明，2005）。

已有研究对公共空间的概念、转型，以及对国家统治、建筑环境、消费文化的影响进行了深入剖析，可以发现，从区域角度看，对公共空间概念的讨论更多涉及城市、社区、国家、现代化的内容，较少关注农村、微观、乡土性方面的内容。已有研究为理解中国的乡村公共空间提供了视角。那么，农村公共空间是否与城市公共空间相似，也在经历着现代性、经济发展所带来的机遇与挑战？

1.2.4 农村公共空间的研究

当前，农村公共性最直观的变化是集体生活的消失，而其他具有共同体特性的集体生活也在不断出现，新型的集体活动以公共空间为载体。对农村公共空间的探讨涉及多个学科，历史学家侧重探讨乡村生活的变化，以追溯农村公共空间的演变；人类学家侧重探讨农村乡土文化对公共空间内社会成员交往和互动形式的影响，以追溯公共空间背后的乡村记忆；社会学家侧重探讨公共空间与社会的相互建构关系，以及公共空间与社会之间存在的政治性，对国家管理、农村自治产生的影响。我国学者对农村公共空间的不同内容进行了阐释。

1.2.4.1 农村公共空间的演变和分类

集体时代的私人生活是被规训的，坚持公共生活是一种意识形态上的政治正确。将公共生活的作风带进私人生活中被认为是理所当然的事，而将私人生活的作风带进公共生活是必须受到谴责的（林辉煌，2010）。因此，在集体时代，私人生活充满了公共性的色彩，或者说私人生活被放大于公共空间中。家庭中的生儿育女不仅仅是为了传宗接代，也是为共同的生产劳动增加劳动力。在家庭之外的公共空间也无处不在，村庄作为一个共同体，在内部是一个极为开放的公共空间。"文化大革命"时期，行政嵌入型公共空间和内生型公共空间均遭受了极大冲击。改革开放初期，家庭联产承包责任制的实施使农民从集体束缚中解脱出来，一些低迷或沉寂多年的传统乡村公共空间应声而起（韩国明 等，2012）。随着集体制的解体，私人空间逐渐独立出来，并越来越受到重视。私人空间一旦获得自己的地位，就极力排斥公共空间的干涉（林辉煌，2010）。王春光认为，村落公共空间本身就是一种自治空间，国家应该从政策、制度等方面来更好地突显和培育民间性，从而有利于国家对农村公共空间的治理和开发（王春光 等，2004）。

20世纪末21世纪初，中国学者逐渐关注到公共领域和公共空间的概念，并对此进行了不同角度的阐释。中国对公共空间的讨论几乎处于"城市范围"，即关注于城市规划、城市社区改造等内容。作为与城市互动的另一个主体——农村，其公共空间的演变与现状在近几年成为学者们讨论的热点。南京大学的曹海林（2005）认为，公共空间包含两个层面：一是指社区内的人们可以自由进入并进行各种思想交流的公共场所，如寺庙、戏台、广场、集市、街头甚至水井附近、小河边；二是指社区内普遍存在的一些制度化组织和制度化活动形式，如村庄内的农民组织、传统的文化活动、红白喜事等。在此定义下，根据村落公共空间的产生动力不同，可将村落公共空间划分为正式的公共空间与非正式的公共空间，前者的产生动力源于外在行政嵌入，后者的产生动力源于村庄内生。同时，他认为"从村落公共空间演变这一分析视角，我们不仅能把握乡村社会变迁大场景中村庄秩序的内生逻辑，更能清晰地看到村落公共空间在乡村变迁场景中演变所呈现出来的一系列特征"（曹海林，2005），进一步地将公共空间的内涵界定为地理层面的场域和功能层面的活动，而功能层面的活动又分为内生型和行政型。

王春光等（2004）从村庄内具有整合能力的民间权威与规范的视角入手，认为公共空间分为三个层面：不受制于国家权力支配的社会组织、社会舆论和民间精英。

伍琼华（2005）从生态文化角度来论述山地民族公共空间的变化。当地公共空间随着国家政策发生了一系列变化，分别经历了家族空间时代、集体空间时代和政府主导的社区建设时代，即宗族团结形成的公共空间、人民公社体制形成的制度公共空间和新农村建设形成的相对开放的公共空间。

李小云与孙俪（2007）以江西省黄溪村为研究地点，通过将公共空间划分为组织型公共空间、生活型公共空间、休闲型公共空间、事件型公共空间和项目型公共空间五种类型，来探讨该村的公共空间对村民社会资本的影响。

王玲（2008）按照公众在公共空间内所从事的内容，将公共空间划分为神异性公共空间、日常性公共空间和政治性公共空间。

张良（2013）按照公共交往的类型，将公共空间划分为信仰性公共空间、生活性公空间、娱乐性公共空间、生产性公共空间和政治性公共空间。在村庄层面上，将公共空间划分为公共规则、公共舆论和公共精神等。

从分类上看，学者依据不同的标准对公共空间进行分类，由此形成公共空间的不同概念偏好和类型。从已有关于农村公共空间概念和分类的文献上来看，公共空间可以从广义和狭义两个层面来理解。广义公共空间是指包含外在力量的内容，如国家的制度因素、市场的经济因素等内容；狭义公共空间是指包含村民血缘关系、地缘关系以及文化习俗方面的内容。因此，农村公共空间是一个综合性、整体性的概念，对其探讨需要从多个维度入手。

1.2.4.2 农村公共空间与政治

在政治公共空间方面，农村公共空间作为一种具有自治秩序的平台，不仅受国家制度政策的影响，也尝试自我调整内部秩序。徐勇（2005）认为，行政放权为农民自治提供了成长空间，与西方自然形成而后得到国家授权的自治方式不同，我国农村的自治依赖于国家的授权。可以说，公共空间为农民自治提供了平台，但同时其也是国家实现农村治理的方式。因此，公共空间的强化与弱化，直接就国家对乡村社会的控制与秩序整合产生影响（何兰萍，2008）。国家在政治空间的作用除了表现为在自治中的作用外，还表现为对农民其他表达方式——上访的塑造。国家通过税收、行政法令和户口调查内容的标准化等一系列行政化的方式，构造了社会成员新的社会身份和社会认同，这种构建不仅使得国家成为公民诉求的对象，而且形塑了公民的认知框架和政治身份，为相互不往来的人群形成互动合作提供可能（黄冬娅，2011）。国家以新的户口、身份证、税收等管理方式塑造了农民表达意愿、参与政治的公共空间，而看似自发的行为又受到国家制度建设的影响。在农村社区内部，农民的参与意识也发生了不同程度的变化，吴毅（1998）认为其呈现出了分化趋势。村庄的精英和权贵者在国家制度建设中形成了与公共权力的紧密关系，而处于边缘和底层的农民则呈现出公共意识淡薄的特征。从中国现实来看，在全球化和工业化的冲击下，资本与权力对乡村空间的渗透与控制正在重新经历组织化（景跃进，2018），村庄由"依赖于血缘关系的亲情社会"向"依赖于利益关系的半亲情社会"转变，村级自治组织不断行政化与官僚化（欧阳静，2014），导致公共空间的整体性、参与成员的平等性、讨论议题的开放性、参与成员的广泛性（哈贝马斯，2003）面临挑战。

1.2.4.3 农村公共空间与社会

在社会空间方面，学者强调空间内一种人与人的关系，即在空间内的共存性（金自宁，2009）。公共空间的存在为人们自由联合产生行动提供了可能，而当公共空间消失后，一切以自由联合产生的行动，如商谈、交流也就不复存在了。社会参与成为社会公共空间中的主要活动，在税费改革、城市化过程中，村民对公共事务的参与表现出差异性。在税费改革后，农村公共服务的资金支持源于自上而下的转移支付，不仅资金少而且难以满足农民灵活性的需求（贺雪峰和罗兴佐，2008）。个别地方对农民的直接资金、技术服务成为老大难。因此，村民对于权益不公和自身权益不受保障表现为较强的参与性和表达性，以及对公共事务的关注性。然而，在村庄集体事务和集体活动上，村民表现为较弱的参与意愿，呈现出"搭便车"的行动逻辑，即小范围的行动更容易实现，而大范围的行动则容易落空（曼瑟尔·奥尔森，1995）。比如受益范围较广的道路建设，对村民来说参与意愿则更低一些，因为外出人口的增加，使得流动人口在公共服务中的享受有限，从自我利益最大化和同质性偏好出发，社会流动对集体行动起减法作用。因此，具有社会性、参与性的公共空间呈现出分化的特征。

1.2.4.4 农村公共空间与物理空间

在物理空间方面，公共空间可以直观地表现为具体的物理地点和物理环境，物理空间背后隐藏着社会性关系。胡英泽（2006）认为，村落中水井的分配和事务的安排体现了同姓与不同姓的地缘和亲缘关系，这也在一定程度上对村庄的空间进行了划分。在人民公社时期一个生产队使用一口井，而现阶段是关系相近的农户使用一口井，水井的变迁体现着农村人际关系、公共空间的变化。阎云翔（2000）在论述私人生活的变革中，讨论家庭房屋格局的变化。20 世纪 80 年代末，农民逐渐由居住的大通铺向隔离出来的独立卧室转变，卧室也不再是接待客人的场所，客厅成为社会交往的空间。而客厅外的院墙也建立起了相对私密的空间，使得串门不如过去频繁、邻里关系也远不如过去紧密了，私人和公共场合具有相对明确的边界。除此之外，茶馆也是学者们探讨公共空间变化和社会互动的主要物理场所。王笛较早对中国茶馆的变迁进行了研究，他以历史分析法考察了成都茶馆在中国转型期的变迁，以此折射出公众日常生活以及政治生活的演化和变迁。吕卓红（2003）以人类学的方法论述川西茶馆在清末民初的演变，人们在川西茶馆内使用语言或非语言符号，以相互理解。在他看来，即使在现代，茶馆依旧承载了文化渊源因素，促使交往行动合理化，维持和传递川西文化系统和传统。然而，戴利朝（2005）认为，茶馆虽然延续了传统公共空间的意义，但并不能弥补在改革开放后与旧有社会的分裂，"乡村社会旧有的阶层鸿沟和社会歧视还没有完全消除，新的鸿沟却又在悄悄出现"。即在公共空间通过物理空间来进行呈现，并以物理环境的变化和场所内互动关系的变化来说明公共空间的转型。

1.2.4.5 农村公共空间与娱乐文化

改革开放 40 多年来，农村娱乐公共空间逐渐具有了多元功能。地理形态的农村娱乐公共空间是农民唱戏、看戏、舞龙等进行传统娱乐活动的场所，社会形态的娱乐空间不仅具有休闲消遣的功能，还是农民集体参与、互动的生活。在全球化过程中，劳动力的流动带来的农村虚空化的过程使农业生产没落了、农村生活萧条了、农村的脊梁给抽掉了，这个过程夺走了农村从经济到文化到意识形态上的所有价值（严海蓉，2005；梁永佳，2018）。而娱乐公共空间的重塑是对本地文化的保护和发展，是抵抗全球化对多元文化的侵蚀（周尚意和龙君，2003）。农村公共空间不但对农村劳动力抽离造成虚无形成弥补，而且创造了公共意志或共同文化。然而，农村娱乐空间这种功能在市场逻辑下成了发展经济比如吸引游客的工具（傅谨，2006）。有学者在阐释 20 世纪戏曲的变化时提出，在制度的干预下，戏曲逐渐表现出工具化，戏团逐渐纳入社会系统中，成为社会机制中的一部分。而工具化则蕴含着艺术的平民化，而平民化的核心内容并不是让艺术更趋近于大众，而是在于驯化大众。传统的娱乐活动逐渐丧失了最初的内涵、意义和价值，其所具有的公共性在私人性和功利性的渲染中也逐渐消退。

1.2.4.6　农村公共空间的社会结构变化

农村公共空间的结构是指其内部构成，主要表现为不同类别的群体、个体在空间内部占有不同的地位，主要涉及的群体类别为性别和阶层。从性别角度看，在不同阶段的公共空间中，性别分布存在一定的差异。而在不同学者看来，这种差异表现为不同的特征。严海荣认为，在生产队时期，工分制公开地记录和承认妇女的劳动，使她们在公共空间中占有一席之地。而20世纪80年代初期，农村实行了家庭联产承包责任制，生产责任被承包到每一个家庭，农村公共空间剧减，妇女丧失了曾经在公共事务中获得的有限空间。阎云翔（2000）认为，在后生产队时期，女性地位尤其是青年女性的地位较之前有了比较明显的提高。小媳妇跨越了父权、夫权，在家中和公共场合中不再处于边缘地位。从阶层角度来看，卡斯特、哈维、苏贾、罗维斯等学者从不同角度说明了空间的阶层特征，即空间并不是均质的，社会经济各要素在不同地理位置中进行分布，由此带来处于不同地理位置的个人和群体所拥有的资源不同，进而使得具有开放性、公开性的公共空间发生了分裂、隔离。阶层的存在使得没有存在明确边界的空间，以阶层为标准进行了内部划分，形成了公共空间内部的聚集与分离。

1.2.4.7　农村公共空间的两种论调

从乐观论来看，农村正式公共空间已经逐渐衰落，但是农村非正式公共空间正在兴起（曹海林，2005）。一些娱乐活动、老年协会等民间组织活动和方式逐年增多，并且外来社会组织资源、企业资源、政府资源进入农村，开展农村留守儿童陪伴、公共文化演出活动。此外，本土力量也正在发展壮大，一些返乡青年和本土能人借助农村公共场所资源进行交流互动，培养农民的参与意识。同时，在正式空间内，国家对村庄公共文化、公共场所的建设，不仅丰富了农民交往的内容，也推进了村庄的公共性建设。

从悲观论来看,红白喜事等所谓农村非正式公共空间给予了过于乐观的期待。贺雪峰等学者的研究发现,红白喜事等人情交往活动正日益异化成为攀比、敛财的工具,农民已不堪重负。王德福(2011)认为,公共空间的公共性正在逐渐消失,公共生活娱乐化、空洞化,公共舆论的失语(从闲话到废话)、公共议题的失语(只议论不评论)、缺失了公共性的公共空间是无法对村庄秩序的构建和村庄社会的整合发挥积极影响的,仅靠辨识出乡村社会丰富的公共空间形式,就认为民间社会将不断发育的论点是站不住脚的。在市场经济的冲击下,私人空间被深深地锁在高大的围墙背后,家庭结构的变迁、科学技术的发展将越来越多的人拉出公共生活。公共空间被逐渐架空,只剩下公共场所这一层皮(林辉煌,2010)。

无论是从公共空间的形式还是从公共空间的内涵来看,农村公共空间在整个国家发展背景下都表现出一种衰弱的征兆。在此背后有着更复杂的社会背景和时代因素。在早期城市化进程中,以城市为中心的现代化道路将村落中的资源(人力、物力)以多种渠道归纳到城市发展中,农村处于发展的边缘位置。处于发展浪潮的农民,并没有将自身归置为"废弃人口",人们更关注自己的生活质量。无论是闲话还是议论,都是农民在以自己的方式关注周围事物的变化,隐晦或是明显地表达对这种变化的感受、观点。如果仅仅就参与者的言行谈论公共空间的变化,那只能是一种狭隘的、静止的视角。

由于不同的历史结构和社会现状,在中国农村地区很难存在西方意义上的公共领域,农村公共空间处于更加复杂的社会状况中,其内涵更加多元化。在改革开放前,人民公社制度的实施使得集体行动成为常见的景观,并由此形成相似的生活模式和共同的生产空间。个体在集体行动中的自主性和能动性发挥非常有限,主要由制度决定了个人在集体行动中的行为规范。同时,受传统礼俗文化的影响,农民之间的社会交往具有相当明显的熟人社会的特征。而在当前的国家管理模式中,强制的团结体制已经取消,农民进入个体化社会,而这显然是因为国家以家庭联产承包责任制的实施和人民公社制度的废除将农民剥离出集体的范围,而非农民自身力量成长所形成的独立流动,中国农民个体化的进程是一种被迫的过程。然而,在这个过程中,个体的自主性不断增强,即农民自愿加入或从事某种活动,发表某种言论,机械团结转变为有机团结,每个人成为实在的、有自我参与性和表达性的个体。对此，本书所关注的重点除了农村公共场所外，主要侧重公共空间的两大内涵：互动和参与。前者是指非正式公共空间中个体层面的交往与交流；后者是指正式公共空间中村民参与到公共事务中，形成一种集体行动和集体决策。这两项内容具体呈现在红白喜事、选举等公共活动中，这些公共活动所承载的内涵才是公共空间的核心，农民自发产生的、带有农民意愿的活动才具有公共空间的内涵。

1.2.5　农民的行动逻辑和草根行动研究

农民的行动逻辑受到社会发展阶段和社会环境的影响。在传统社会，农民的行动逻辑表现为更强的互惠和血缘特征。费孝通在《乡土中国　生育制度　乡土重建》一书中指出，中国传统社会结构是差序格局，而农民的行动逻辑是自我主义，"在这种富于伸缩性的网络里，随时随地是有一个'己'作为中心的。这并不是个人主义，而是自我主义。"梁漱溟（2005）认为，中国人的行为逻辑是"互以对方为重"的利他主义。在廉如鉴（2009）看来，"'自我主义'有低度社会化之嫌，'互以对方为重'则有过度社会化之嫌"，都不能概括中国人行为逻辑的特点。赵晓峰（2011）认为，传统中国农民的行为逻辑是群我主义，即个人从属于群体，"以群为重，以自己为轻"。

改革开放后，有学者认为农民的行动逻辑发生了一定的变化。许纪霖认为，自明晚期开始价值观不断世俗化，从天理、公理、人类、社会到现代国家——解体，小我逐步失去了大我的规范，从而表现为杨朱式的个人主义。阎云翔（2000）通过下岬村的人类学调研指出，年轻人表现为自我中心式的个人主义，出现了"无公德的个人"。贺雪峰认为，在熟人社会中存在特有的行动逻辑，这种行动逻辑受特殊的公正观影响。农民不是根据自己实际得到的好处来计算，而是根据与他人收益的比较来权衡自己的行动，这就构成了农民特殊的公正观：不在于我得到多少和失去多少，而在于其他人不能白白地从我的行动中额外得到好处。于是，有公益心的农户或对利益算计不敏感的农户，就成为每次公益行动中其他村民期待的对象，这些人在每一次公益行动中都被村民期待成为不得好处或只得较少好处的对象，而其他村民则从中获益。当面对不公时，美国社会学家斯科特（1985）研究发现，农民为了避免集体行动所带来的风险与成本，他们大多会选择谩骂、偷懒、偷窃、怠工、装糊涂等行为来反抗那些从他们身上榨取利益、财富的地主，同时以道义上的"不帮助"和陈述"贫困"来对富人的不帮助行为进行道义上的施压。这些非正式的、自发的行动在斯科特看来是村民避免大规模反抗所带来的风险，以维护自己权益的一种生存理性。国内学者将个体的维权行动划分为依法抗争和以法抗争，与斯科特所关注的微观层面不同，无论是依法抗争还是以法抗争都是一种大规模的、显性的集体表达和共同抗争。

在社区层面采取的草根行动，有助于减少集体行动逻辑中的"搭便车"现象，同时也是参与式发展的有效途径（金一虹，2010）。草根行动的产生，一方面，在于社会管理体制的调整，为个体和集体采取行动提供了有效的空间；另一方面，在于其行动自觉地创造了社会空间。张兆曙在分析浙江人的草根行动时提出，浙江人的流动是在自然空间和社会制度空间双重压力下的产物，由于自然空间的局限无法解除，改革开放对社会制度空间的释放并没有使浙江农民回到土地的怀抱，反而加快了浙江人流动走商的速度（张兆曙，2008）。

1.3　农村公共空间概述

1.3.1　主要概念界定

1.3.1.1　公共空间

公共空间在中国的探讨可以被划分为政治学和社会学两大学科。在政治学方面，学者倾向于分析市民社会（或公民社会）与国家的关系，阐释当前中国是否存在西方意义上的市民社会，其存在对中国的治理、善治、民主有着何种积极意义。在社会学方面，学者更注重探讨公共空间本身所蕴含的公共性，空间内的个体如何实现互动，形成共同意识和集体认同，以及其在中国宏观社会背景所发生的变迁。

在政治学方面，王春光等学者认为公共空间包括三个方面的内容：一是不受制于国家权力支配的社会组织（或民间组织），包括正式组织和非正式组织。分散的个体构不成社会公共空间。二是社会舆论（如公共讨论、村民大会），即对人们的行为具有很强约束力的社会意见。三是民间精英。他们具有一定的社会权威和社会动员能力，能把分散的个体凝聚在一起，从事各种集体活动。民间精英通过独立的民间组织，动员社会力量和社会舆论（比如辩论、媒体报道等），对行政行为进行牵制和制衡。这三个方面相互联系，必不可少，共同构成社会公共空间（王春光 等，2004）。在社会学方面，吴毅（2002）对"村落公共空间"给出了一个社会学意义的定义："在村庄这个社会有机体内部存在着各种形式的社会关联，也存在着人际交往的结构方式，当这些社会关联和结构方式具有某种公共性，并以特定空间形式相对固定的时候，就构成了村落公共空间。"与之相似的论述是，其是具有公共性且以特定空间形式相对固定下来的社会关联和人际交往的结构方式（周尚意和龙君，2003）。曹海林认为，公共空间有两层含义：在地理学上，公共空间是指社区内的人们可以自由进入并进行各种思想交流的公共场所，如茶馆、宗祠、集市等；在社会学上，公共空间是指社区内普遍存在的一些制度化组织和制度化活动，如祭祀活动、红白喜事、村民大会等。这两种类型的空间也可以引申为物理性空间和社会性空间。

哈贝马斯的公共领域是与国家权力对抗的社会和政治空间，具有相当程度的独立性和自主性。他在《公共领域的结构转型》中指出，最初资产阶级就是在公共领域内获得自身的成长，并成功地实现资产阶级对全国范围的控制。哈贝马斯将公共领域置于社会学和历史学的视野中进行考察，但其关注的是这一历史形态的主要特征，忽略了历史发展过程中似乎遭到压制的平民公共领域这一变体。

根据已有的研究成果和相关学者对公共空间概念的界定，本书结合实地调研的材料，将农村公共空间的内涵确定为两个方面，即村民互动和村民参与。当前，村民互动从关于公共空间研究的社会学视角出发，侧重与"私"相对应的部分。私人生活是指在家庭范围内的、既不受公众监视又不受国家权力干预的生活；公共生活是指超出家庭生活范围，具有公共性的那部分。随着现代化范围的扩大和现代化程度的不断加深，私人生活很难脱离外在社会的影响，无论是个人的教育、工作，还是个人与其他主体的互动，都卷入整个社会发展路径中。与过去相比，虽然农民的私人生活已经得到明确的划分，但是农民生活的私人性却在减弱。在公共空间的范围内，存在某种具有公共性并以特定形式表现出相对固定的社会交往和人际互动的方式。本书所关注的重点除了农村公共场所之外，还包含公共空间内容的变化，比如红白喜事、集市等公共活动，这些公共活动才是公共空间的核心，农民自发产生的、带有农民意愿的活动才具有公共空间的内涵。对公共空间的另一个内涵——村民参与的考察，从政治学视角出发，侧重与"公家"相对应的民间。即将统治阶级排除在外的公共空间，主要考察农民在维护自身权益、表达个人意愿、形成个人参与过程中与村干部、乡干部等国家在地方的代理人的互动过程，以及在这个过程中受到市场因素的干扰。当然，在现代主义渗透的过程中，农民并非麻木的听从者，他们通过一些自发性策略，尝试在制度范围内形成对公共空间的保护。

1.3.1.2 自反性

贝克首先提出了自反性的概念，认为自反并不等于反思。反思是刻意的、有意识的，而自反是非意识性和目的性，是"自我对抗"。社会成员依靠个人、家庭等自我力量抵抗、削弱、减轻工业、技术、理性、阶级等现代化因素造成的社会差异和整体危害。贝克认为，在现代化的力量下，"一切固定的古老的关系以及与之相适应被尊崇的观念都被消除了，一切新形成的关系等不到固定下来就陈旧了，一切固定的东西都烟消云散了，一切神圣的东西都被亵渎了，人们终于不得不用冷静的眼光来看他们的生活地位、他们的相互关系"（乌尔里希·贝克，1997）。现代化的力量对传统的存在形式，如价值观、互动、信仰、知识等进行了解构，简单的理性现代化难以对解构的社会进行重置、重新嵌合，而自反性现代化则是对当前工业社会的重新整合。

在贝克对自反性阐释的基础上，吉登斯对自反性社会所处的社会阶段进行了不同的阐释。贝克认为，自反性社会脱离了传统社会，是对简单理性社会的补充。但在吉登斯看来，传统与现代并没有完全割裂，在现代社会的早期发展阶段，传统与现代具有合作关系，而非简单的被吞并与吞并的关系。而在现代化深入的过程中，全球化和传统的行动情境的撤离的双重过程是"自反性现代化阶段"的显著特征，这个阶段改变了传统与现代性之间的平衡（乌尔里希·贝克，1997）。全球化影响着每个个体的私生活，即便是遥远的个体也被卷入全球化的进程中，每个人都成了局内人，其也难以作为"他者"存在。

拉什基本认同前两者提出的自反性概念以及与之相关的风险社会的概念。与前两者不同的是，他将关注点放在知识、制度、结构等内容之外的"边缘"领域，涉及习惯、无意识、身体习俗等范畴（吴正勇和欧阳曙，2003）。这种自我层面上的自我自反性，能动反作用于其现代化的后果。如果说现代化以个性化不断增加为先决条件的话，那么这些个人不再那么严格受到传统和常规的空间的限制，将可以越来越自由地从非正统的位置对抗现代化的反乌托邦的后果（乌尔里希·贝克，1997）。

自反性撼动了公众对科学和理性的盲目崇拜，开始对专家的结论和断言表示质疑，地方性知识在质疑中重新进入公众的视野中，对万能的科学提出了挑战（赵万里和王红昌，2012）。在以上三位学者对自反性不断阐释的基础上，自反性的概念也被其他学者接受，并引入不同的领域中。在风险社会的概念中，自反性被用来解释公共危机中的公众对专家知识的信任。美国学者贝利用自反性来解释个体与集体的关系，当集体和个体之间存在相对紧张的关系时，组织存在对个体空间强制性和扩张性的倾向，并限制个人表达、参与的自由。具有自反性个人主义的个体为了保护自己的空间，会采用一定的手段来抵抗组织的"入侵"。劳动分工、职业分化、工作技能和各自小圈子的存在为"自反性个人主义"的成长提供了条件（王晨丽，2010）。自反性在社会空间建筑中的应用表现为对符号化、碎片化的城市空间扩张的矫正。自反性地域主义强调空间建设的多样性和因地制宜，关注地方生态平衡的概念，以及地域环境中社会共同体和社会化网络的利益权衡与不断对话的过程（李婷婷，2010）。

1.3.1.3 个体化

本书使用"个体化"一词来解释 A 村公共空间演变过程中的主体——农民所经历的变化。个体化这一视角主要借鉴德国社会学家贝克对"个体化"的解释。在贝克看来，现代性使我们生活在一个趋同的世界中，同质性的、普遍的价值、标准、条件在全球蔓延，而自反性现代化理论与这种普世主义恰恰相反，转向多元现代性。个体化作为自反性现代理论中的一部分，强调四个基本特征：一是去传统化；二是个体的制度化抽离和再嵌入；三是被迫追寻"为自己而活"，缺乏真正的个性；四是系统风险的生平内在化。个体作为新的研究对象从社会、宗族、团体、部落中解放出来，但这并不意味着个体与其他团体的对立；相反，个体化只是从一个层面上来考察社会问题，它无法脱离其他的社会状况。贝克在风险社会的背景下考察个体化的内涵，鲍曼将个体化社会纳入流动社会的理论中来阐释当前社会成员的存在方式。一方面，个体要自己做出选择，并为选择的结果负责；另一方面，个体要解决养老、照料、就业等之间的矛盾。这就是当代生活所揭示出的生活真相："个体不能依赖社会拯救。"同时，现代生活拒绝给集体和公众超越的机会，将个体抛弃，任他们孤独地挣扎（齐格蒙特·鲍曼，2002）。这一训诫所带来的结果是政治冷漠，进而导致公共空间的分割。在不稳定、不确定的现代社会中，个体不得不重新寻找有保障和归属感的收纳营，以个体为前提的社会重组，无论是福还是祸，人们都应该保持团结一致（齐格蒙特·鲍曼，2001）。齐美尔（2002）认为，单纯地用社会化来论述社会发展已经不够充分，其表现在两个方面：个体化和功能化。现代社会的发展使得个体的活动空间得到大限度的拓展，活动自由程度得到提高。虽然在社会发展过程中个体愈加社会化，摆脱了传统的束缚，但社会分工结构之上的专门化和个体化也产生着相异的、相互适应的社会和群体的地位与个人人格的相似性，这也就产生了个体化进程的第二个阶段——取消个性。

阎云翔借鉴了贝克关于个体化的概念，来解释改革开放后中国农村和农民日常生活的变化。阎云翔在观察了农民个体私人生活之后发现，核心家庭逐渐超越了扩大家庭，女性逐渐瓦解了传统家庭、父权、夫权权威，日常生活权力发生了转变。这一现象源于新中国成立后的集体化改造加快了农村的个人化进程。贝克提出中西方个体化进程的不同在于，西方资本主义市场中的工具关系在后福利国家中运转，引发了个体化进程。中国的个体化并未制度性地维系于一个基本权力系统。

本书所使用的个体化的概念在现代性不断深入农村的背景下，物质主义和实用主义的取向撕裂了农村相对封闭的状态，瓦解了传统农村的社会整合方式——集体制。家庭联产承包责任制的实施，使得农民以户的形式从属于农村，改变了过去农民以生产队的方式从属于农村，农民成为一个相对自由的个体，也开始了西方学者所论述的一种"个体化"历程。然而，中国农民的个体化不同于西方社会中的个体化，西方社会中的个体化是个人主体性的成长。农民的个体化过程是一种家庭原子化的过程，即家庭相对独立的成分凸显，个人从属于家庭。然而，现代社会中的农村家庭俨然已经无法满足家庭成员的基本需求，个体不得不抽离家庭而诉诸社会。社会形塑了社会成员，社会成员在各自编制的社会网络中形成互存。

1.3.1.4　新集体主义

新集体主义强调社群参与者的互动，这些人为共同目标聚在一起，并同意那些支配着社群秩序的规则。社群中的个体认同社群目标，不是被任意强加的，而是社群中的成员接受并共同完成群体目标。马克思在阐释集体的内涵时，提出了两种集体类型：真实的集体和虚假的集体。前者是"每个人的自由发展是一切人的自由发展的条件"，后者是"虚幻的普遍对利益和特殊利益的干涉，以实现统治阶级的自身利益"，这也就意味着人们在公开场合和私人场合所表达的观点不同，有可能会导致集体主义成为个人谋取利益的旗帜。在由表象符号构成的世界中，实质上已形成集体主义和个人主义两种截然对立的二元价值标准（刘光宁，1999）。国内学者在阐释新集体主义的内涵时，将这两种集体结合起来分析，提出我国当前存在的集体是复合型集体，或者说是一种双重性集体，以功利性为基础、奉献性为导向，个体利益的实现以集体利益的实现为前提，集体利益不能吞噬个人利益（张健，2004）。有学者强调新集体主义中的"结构新"，农村社会中成员之间的经济纽带代替了人民公社时期的行政性联合，集体社区代替了家族组织成为农村中最基本的社会单元。新集体主义强调一种新的社会意识，即一种合作和参与的观念，这种观念源于一种泛家族意识（王颖，1996）。

本书中所使用的新集体主义概念侧重集体内部成员结合的动机，农民不再是机械地组合与互动，而是在自我意识唤醒的基础上形成了有机组合。新的组合、互动与交往依旧在国家制度的约束下，同时以自我表达和自我利益为基础形成集合与互动。有机组成的新集体主义形成了区别于传统形式的公共空间。

1.3.2　研究方法、研究过程和研究内容

1.3.2.1　研究方法

本书采用的研究方法是基于农村社区的实际情况进行实地研究。实地研究是指在一种深入研究现象的生活背景下，以参与观察和非结构访谈，

对农村公共空间的成长和转变过程进行动态追踪观察的一种研究方法。同时，实地研究方法也是典型的理论生成活动，依赖于丰富的经历和细节来获得研究对象所传递的社会内涵和意义。笔者于 2012 年 10 月 3 日至 10 月 29 日和 2013 年 9 月 9 日至 2013 年 10 月 4 日在 A 村进行调研。具体研究方法如下：

（1）观察法。观察法指的是带着明确的目的，用自己的感官和辅助工具去直接、有针对性地了解正在发生、发展和变化的现象。笔者了解了农民的日常生活，并参与到农民的日常生活中去——跟着所住农户家的女主人赶集，去有红白喜事的农户家串门，观察村民的互动方式；到农户经常去串门的场所，如公路旁、商店、广场等，观察或参与他们的聊天；同村民一起参与到集体活动中，如同妇女一起到工程队去找相关负责人。笔者通过观察并以共同劳动、邂逅聊天的方式参与到农民的互动交往中，了解他们对特定事件的看法和感受。

（2）文献分析法。本书所需要的文献资料包括两个方面：一方面，是当地的历史材料，比如《青林县志》；另一方面，是就当前文献对农村公共空间的研究材料。

（3）口述研究。因为本书所涉及的研究对象为农村公共空间的动态发展过程，其过去并没有文字记载，而是以一种讲述的方式进行历史还原，同时其也涉及对村民心路历程的了解和分析，因此可以通过收集和使用口头史料来获得一定的文字资料。

（4）访谈法。本书主要由定性资料构成，即根据所涉及的问题，对村民的参与和组织的活动进行无结构访谈，并做必要的记录，从而扩大信息来源并拓展研究思路。本书访谈对象涉及村干部、种地村民、流动务工村民、退休干部、商店经营者、电工、派出所民警等职业群体，关注弱势群体（老人、妇女）的声音。不同村民群体在同一事件中扮演着不同角色，为了解不同村民群体对村庄一些事件的看法，还原故事原貌，本书的访谈对象涉及四个类型的群体：一是村干部群体，包括村支书、村主任、妇女主任、民调委员；二是村中精英团体，包括现任村干部的亲友、曾任村干部及其亲友、村民代表和党员；三是在村中享有较高威望的长者，包括年轻时在国有企事业单位工作且在就职单位担任过职务的长者，因其阅历丰富、处于较高社会阶层，且主要社会关系不在村中，只是偶尔回来度假，所以具有一定客观性；四是普通村民。这些访谈对象中有一部分是通过前期项目认识的，有一部分是通过"滚雪球"、加入街边闲聊，或者在棋牌室寻找访谈对象认识的。即在了解了一些事件和关键人物后，开始"有目的地选择观察值"（加利·金 等，2010）。

为全方位地考察农村公共空间的转型过程，了解该空间内农民的行为偏好，应形成资料之间的相互印证，收集多种来源资料和使用多种资料收集方法，建立证据三角形（亚德利，2009）。首先，资料来源多元化。访谈村庄不同利益主体，包括干部群体（现任村干部、卸任村干部）、精英团体（村民代表、富裕群体）和普通村民，对关键人物进行深度访谈，对相关个体进行结构性访谈和口述史访谈，了解村庄背景、社会关系网络和事件历程以及不同主体诉求。其次，采用访谈法、观察法和文献分析法相结合的资料收集方式，以文献分析法梳理国家关于选举、上访的相关政策，了解宏观层面设想在农村搭建的公共空间；现场经历和观察在村庄调研期间发生的小规模的上访活动，了解上访发生、协商、策略形成等过程，以及上访队伍内部的微妙关系；以访谈法形成时间、地点、事件、冲突、高潮和结尾构成的完整案例，并了解不同村民的角色与感受。多种资料收集方式能够获得完备的资料，提高研究的建构效度。此外，村庄内部存在多元力量，既有家族力量，即以血缘为基础的利益团体，又有村庄政治力量，即以个人受益和合作共赢为基础的利益团体，因此，在资料收集过程中往往受到不同群体提供的访谈信息的干扰。本书通过访谈关键人物和普通村民来了解不同群体的陈述以及访谈对象之间的互相印证，通过理解情景与对话做适当推理，以客观呈现公共空间的异化过程。

1.3.2.2　研究过程和研究内容

笔者在 2011 年 12 月首次进入位于华北山区的 A 村，进行为期半个月的调研，同时辅助师姐写博士论文，积累对 A 村感性的认识。2012 年 4月，笔者到 A 村观察村民之间的交往、互动、互助等行为，了解其日常生活习惯，同时对村民进行访谈。在这次深入了解之后，农民的言谈中流露出的表达需求，展现出的参与意识，以及在当前条件下自觉自发的行动引发了笔者的兴趣，这一演变背后更深层次的内容是市场化和国家权力调整背景下的农村公共空间的变化。2013 年 9 月，笔者正式开始村庄调研。最初开展的地毯式的访谈和观察，涉及村庄生活的方方面面。在横向层面上，了解了村民对国家政策、村庄选举、村庄基础设施、环境、土地等公共事务的感受和看法，了解了村民的消费模式、娱乐习惯、公共信仰、互助模式等；在纵向层面上，从访谈中获得了村庄公共景观演变的历史资料，如农户分布、小商店数量、省道修建历史、村民自治组织的变化等，获悉了A村村民在20世纪后期的30年中的生活形态、生产方式、交往行为等。在深入实地调研过程中，笔者逐渐形成了对农村公共空间的明晰定义，并依据社会、政治、经济、文化的内容将其进行类型学的划分，以物理空间和具体事件对公共空间的结构进行分析，并探讨公共空间中农民的自发行为。本书研究内容主要包括以下五个部分：

第一部分，农村公共空间转型的理论基础。阐释研究起源、研究设计和研究方法等基本情况，在分析已有研究成果的基础上，建构出本书的理论框架，并界定相关概念。

第二部分，在案例分析的基础上对农村公共空间的转型进行探究。这部分是对A村发展历史的白描，即通过访谈获得村庄的历史背景和发展历程，探求影响当前公共空间建设的村庄背景和历史因素。在此基础上，建立公共空间的四个维度，即从经济、政治、社会、娱乐四个维度来具体说明公共空间的变迁。对这四种类型的公共空间的分析，以历史为脉络，阐释不同类型的公共空间在不同时间点的横剖面上所具有的形态，以及在纵剖面上不同类型的公共空间的演变过程。不同类型的公共空间在不同程度上受到国家权力和市场化力量的影响，并因此呈现出商品化、功利化、私人化、城市化等现代化特质。

第三部分，对A村公共空间的内部结构进行分析。以对改革开放后建构出的农村公共空间进行分析为基础，试图解构国家和市场力量所塑造的公共空间。在强调平等、开放的公共空间内，性别分工和阶层划分勾勒出公共空间中的无形边界，并将其分割为不同的互动平台。从政治经济学的视角分析，村委会、村干部的追随者等权力主体对公共空间的人为塑造过程。

第四部分，对作为公共空间的主体——农民及其自发行为进行分析。个体在现代化的过程中受到两种待遇：一种是发展对人的压制，另一种是个体自我意识的增强。农民面对发展力量中的资本、商品对公共空间进行渗透、分割，以自身的力量来形成包含自我利益在内的新型公共空间。

第五部分，本书的结论。本书通过对四个维度的公共空间的转型过程进行分析，发现权力和市场的双重作用将农村公共空间从封闭的状态推入现代化的潮流中，推动农村公共空间逐渐向单一化、货币化、功利化和商品化转变。并在此基础上分析公共空间中农民自发行为的意义。

1.3.3 研究创新与不足

本书相对于其他分析农村公共空间的文献存在的研究创新在于：一是本书采用了跨学科的理论视角，对一个微型村庄进行了细致的实地研究，以阐述公共空间在改革开放后国家在强调发展话语的境遇以及市场化的渗透下，农村社会所发生的变迁；二是本书关注农民在公共空间中参与的行动逻辑，并以农民为出发点，以自下而上的视角来分析公共空间的转型；三是本书以公共空间的转型为线索，即农村公共空间逐渐进入国家的发展话语中，成为国家进行管理调控的工具，进而反思现代化发展的宏大叙事。

笔者同时也对本书存在的不足予以交代：一是在调研方面，本书主要涵盖村庄中公共空间和农民领域的历史变迁，调研难度大。作为学术路上的初学者，笔者的调研经验有限，学术敏感性不强，难免会对一些有价值的东西"视而不见"，造成研究的局限性。二是在理论探讨方面，国际国内关于公共空间和农民的文献很多，笔者虽然努力阅读文献，但是也难免漏掉一些著作，无法更进一步对话。

2 对农村发展历史的白描

本章以 A 村为研究对象展开对农村发展历史的白描，以调研中的访谈资料为主要依据，还原 A 村的发展历史。以改革开放为起点，国家在宏观层面上对政策和管理制度的调整，反映在微观层面村庄上，农村社会的内部结构、家庭概念、农民身份都发生了逆转。本章通过对 A 村发展历史的回溯，对 A 村公共空间的探讨形成导向和依据。

2.1 A 村的改革与开放

青林县位于河北省西部、太行山东麓，广阔的山区地层中蕴藏着丰富的矿产资源。该县的粮食作物以玉米为主，以小麦、甘薯、高粱、大豆、水稻和其他杂粮为辅；经济作物以核桃、花生为主，以水果、蔬菜为辅。A 村是河北省青林县杨乡的一个行政村，距离县城 61.5 千米，位于杨乡的最东部，距离杨乡政府所在地 1.5 千米，共有 220 户、699 人，分为 6 个生产队。其中，三、四生产队在山上，一、二、五、六生产队在 241 省道周围；三、四生产队以赵姓和石姓村民居多，其他四个生产队以许姓村民为主。在 A 村，许姓是第一大姓，赵姓次之，村干部多从这两个姓中选出。村里每天有两辆班车开往县城，交通比较便利。近年来，A 村和外界联系日益增多，村庄兴起了多种生产经营活动，并且随着商业的繁荣兴旺，村民有了更多的消费选择。A 村的集市至今已经延续 10 多年，是附近进行商品流通的主要场所，每逢农历一和六开集。如今，该集市上销售的东西非常丰富，如水果、粮油、糕点、蔬菜、衣服、音像制品、农用器械、化肥等。A村全村耕地面积为923亩（1亩≈666.67平方米），主要种植的农作物为玉米、花生、甘薯，主要的经济林种类有李子树、桃树、柿子树、核桃树、杨树等。村民的主要收入是外出打工和果树种植，其中打工收入占总收入的60%以上。

A村于1982年前后开始实施家庭联产承包责任制。与相邻村相比，A村的土地改革较晚。A村1980年年初先将生产队改为互助组，后来开始包产到户。即按照土地的肥沃程度不同，不同的小队划分为不同的等分，然后由每家去抓阄，按照家庭里的人头对不同肥沃程度的土地抓阄。好土地一般给得少一点，次好土地给得多一点，最后产量上是一样的，并保留了一定数量的机动土地。村庄集体按照"五年一大动，三年一小动"的原则对土地进行调整；在生产队内部依据"增人增地，减人减地"的原则进行适当调整。1998年后，国家出台了农村土地承包30年不变的政策，土地分配在一定程度上保持不动。与之相伴随的是"减人减地"的原则难以实施下去，这使得"增人增地"的原则失去了落实的空间。随着村庄外来人口和新生人口的增多，村庄集体的机动土地在10年内丧失殆尽。包产到户之后，农民如何经营、何时耕种、种植何种农作物等耕种事项成为农民自己的事情，不受政府、村干部、生产队的指导和影响，种植的投入和产出都属于个体的生计范围。农民以包产到户的方式，从国家控制生产、生活的机制中脱离出来。农民开始自顾营生，这使得如何解决基本生活成为农民当时面临的主要问题。随着生活负担的加重，农民开始注重自身的利益，"私"的概念也在脑中出现。

自家庭联产承包责任制实施后，农民拥有了种植的自由，但同时也需要承担生产队的部分义务，国家开始对农民征收农业税。在A村，农业税依据人口来进行划分。在征收农业税初期，农民只需要交纳一定数量的花生即可。因为小麦产量极低，所以不用交纳面粉。农民在交纳了一段时间的花生之后，开始交钱，每人每年交纳十几元。进入20世纪90年代后，国家又开始征收农业特产税。对A村来说，核桃、板栗、山楂都需要征收农业特产税。同时在这个阶段，也开始征收三提五统①。在征收农业税的过程中，尤其是在征收三提五统之后，农民的负担愈加沉重。20世纪

---

① 三提五统是专门向农民征收的行政事业性收费和政府性基金、集资，是解决"三农"问题、建设社会主义新农村的关键一步。

80 年代末 90 年代初，农民还没有获得更多的收入，教育、医疗支出对农民来说都是生活负担。因此，在这个阶段，农村更多的是解决温饱问题，满足基本的生活需求。1994 年之后，村里有了第一个矿厂，农民生活开始得到改善。三提五统中的三提作为村提留成为村集体收入的来源。但乡政府所建议的数额并不能保证完全收上来，村集体收入在当时处于一种不稳定的状态。而当时的村集体支出主要包含村干部工资（村支书是 100 元/月、会计是 50 元/月）、招待费、电费、办公用品费用等。2006 年之后，国家取消了农业税，A 村的主要收入源于政府的转移性支付、村庄公地出租两个方面。农村集体收入的变化，使得公共行动和公共事项难以成行，同时因为农村集体收入不再来自农民，收入更加难以受到监控。对村民来说，转移性支付用于村庄的公共事务，他们在摆脱了基本温饱压力之后，也开始关心农村的收支。

A 村是一个资源型村，最多时有 14 家矿厂。村中的王×功在 20 世纪 80 年代末到天津，发现有人在港口运输蛭石。蛭石可以当建筑材料，经过加热就会膨胀，他在村中常见老人用此来生火，然而村民谁都没有意识到蛭石的经济价值。王×功带着日本人到村中考察，并因此将蛭石出口到日本。村民们这才意识到蛭石的市场价值，于是开始到山上挖取蛭石。1994年，一架飞机探测到 A 村的地下蕴藏着铁矿石，村中也在当年出现了第一个外来者建立的工厂——三公司铁铉厂。随后，村中又陆陆续续出现了钙粉厂、砖厂、石子厂等，使得农民有机会在村内上班。在厂子兴旺的几年中，有过半的农民都曾在这些工厂打工。而在 2006 年后，随着开采原材料的减少，矿厂也逐渐趋于停业状态。按照矿厂与生产大队签订的合同，矿厂应在每年年末付清这一年的租金，并按照玉米市面价格进行回收。矿厂的撤出，造成租金不能按时支付给村民，并且厂房也没有恢复为耕地。尤其是对依赖农业生产的农民，大多年龄较大，难以在外找到工作，只能在家捡柴、借种他人的部分耕地，大大减少了农民的收入。而租金的难以落实，使得农民对生产大队的不作为产生意见。因为建厂的征地源于生产大队，与矿厂签订合同的一方是生产大队而非个体农民。因此，在村民看来，生产队应该作为他们的代表与工厂交涉。最初，村干部回应说帮忙看看、问问。问的人多了，村干部就说"厂子倒了还要什么钱"。对此态度，农民是愤愤不平。矿厂的存在，也使得 A 村的内部矛盾较为复杂。

A 村主要依靠一条省道向东西方向蔓延。该省道的前身是村庄的一条主干道，最初也叫联合路。20 世纪 70 年代，正是国家兴起工业化的阶段，这条路连接着保定、大同和包头。1980 年，省里开始修建这条路。这条省道加宽并铺上水泥之后，成了连接村庄与外部的主要交通通道。这条路不仅仅是一条贯穿乡间的省道，也是一个对外窗口。这个窗口，让农民了解了外面的世界，知道这条路通向哪里，农民开始尝试外出务工。同时，这条路也将外来的力量带入农村，可以说这条路打开了 A 村开放的大门。

在 A 村中部有一个文化广场。文化广场的西部是一个大戏台子，每年春节都会有戏班在此演出；文化广场的东部有三间新盖的平房，是村卫生室，但这三间房仅有卫生室的牌子，却并没有人在此办公；文化广场的北面是两大间旧房，原先是村委会所在地，现在归卫生室使用；文化广场的南部有一排健身器材。文化广场是村民重大节日聚会的地方，在平时则是小孩眼中的"游乐园"。文化广场建于 20 世纪 70 年代，但直到 2005 年才铺上了水泥。村庄的文化广场和公路以一种物理空间的形式将分散的居民联系起来。

2.2 农村社会：由政治阶层社会向经济阶层社会转变

20 世纪五六十年代，在当时的社会背景下，"恢复发展"和"赶超英美"是国家建设的主旋律。为了实现这两个口号，国家对农村的管理制度从互助组逐渐演化为人民公社。在人民公社内部分为两个阶层：社员和干部。在农村层面，社员与村干部的关系是服从与命令，并且需要社员的绝对服从。人民公社体制所宣扬的管理文化是老实、听话，形成"老实政治文化"（张英洪，2013），农民只有按照"听话"的原则，将"老实"贯穿在生活、生产的方方面面，才能在充满政治元素的社会中存在下去。"我们村之所以现在矛盾比较大，跟'文化大革命'那会儿都有关系"，一位58 岁的农民说。赵大妈的丈夫在"文化大革命"期间担任村主任，在任职期间他发现所收公粮少了一部分，"他也没证据，也不好意思说被哪个人偷了，都是乡里乡亲，就说自己有责任，就不当这个干部了。你说他有多傻，现在哪个村干部像他这样，谁还记得他的好。"尽管与现在相比，当时的村干部表现得更为大公无私，更加注重自身的榜样力量和角色影响，但政治社会中的文化要求农民服从。因此，政治阶层社会对 A 村的影响不仅仅在于将政治因素放置于最高位置，而忽略了农民的自主权影响了村民之间的关系，同时也在于加深了村民与村干部之间的矛盾。

改革开放后，经济发展重新回到农村社会的视野中，旧的管理方式从农村中撤出，取而代之的是发展，一切以追求发展为目的。在追求经济发展中，经济瓦解了传统的权威信仰，也将过去村庄中的政治秩序转化为经济秩序。经济对农村社会结构的划分取代了完全的政治划分，形成了以权力为中心的经济圈，即村干部周围除了形成村民代表与村委会成员组成的权力圈外，还有一批村中的经济人物。而其他村民则以此为中心向外蔓延，经济上的弱势往往处于权力经济圈的最外围。

以经济发展为中心之后，农村社会内部的阶层划分和交往标准也从政治转向经济。这对公共空间的影响表现在，经济取向的交往方式和村干部对经济利益的追求瓦解了传统公共空间互助互惠的基础，促使旧有管理所产生的机械互动的公共空间向利益取向的有机互动公共空间转变。

2.3 农村家庭：由凝聚性家庭向分散化家庭转变

改革开放前，由于传统农村家庭的功能相对完整，人们的家庭观念较强，对家庭的归属感和依赖性较强。原来相互独立的两个个体在建立家庭之后，形成了一种聚合（见图 2-1）。由于国家实施严格限制流动的政策，进城发展的机会较少，家庭成员长期生活在同一屋檐下，发生或长或短的分离机会较少，家庭成员的寿命和初婚年龄成为影响家庭寿命的主要因素。20 世纪五六十年代，因用地紧张，一个院落内常常居住两三户人。A 村村支书指着自家的院子说："我们这个院子里住着三户人家，有将近 30 口人。后来包产到户之后，住在这里的另外两户人搬走了。"因此，传统的居住方式，使得一个家庭无论是扩大家庭还是核心家庭的维持时间都可以达到 20~50 年。这种聚合除了表现为家庭成员长期共同生活在一个屋檐下之外，还表现在个体的价值、幸福、责任完全融入家庭的存在和持续中，家庭成员的思想、行为围绕着家庭的持续和扩大而进行，家庭也为个体提供了必要的保护、归属。尽管传统家庭观念束缚着人们的选择，但也具有凝聚和维持家庭的力量。

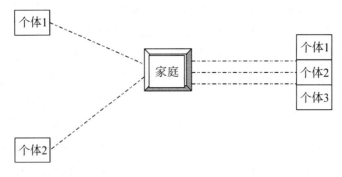

图2-1　传统农村人们组成家庭之后的聚合

自改革开放到市场经济体制建立之前，现代性对农村的影响并不显著，传统家庭文化观念依旧被广大农民认可。家庭的存在依旧以聚合为主要表现形式，形成了罗伯特·帕克（Robert E. Park，1938）所谓的人们不追求相互了解、只求相安共处。这一阶段，农村青年组建家庭时，虽然有对感情因素的考虑，但依旧以传宗接代、繁衍劳动力为主要目的。尤其是在实施家庭联产承包责任制之后，家庭的生产经营功能在这一时期不但恢复到集体经济以前的状态，而且在某种程度上得到了提升。这是由于家庭经营可以有效地克服外部性，提高供给程度以及将劳动的监督成本降低到零（韩俊和陈吉元，1996）。新组成的家庭在某种程度上是一种生产共同体，并未给家庭成员的爱好、情感、动机留出多少空间。个体结婚组成家庭是出自贝克所说的团结的义务或需要，其道德情感和行为选择依旧受到家庭观念和传统责任的约束。换言之，每一个个体都是生在祖荫下、长在祖荫下（阎云翔，2009）。在这一时期，三世同堂的家庭是农村家庭的主要存在形式，家庭成员多生活在同一屋檐下。虽然核心家庭初现，但并不明显。

在市场经济体制确立后，尤其是2000年后，现代性对农村的影响日渐明显，改变了传统农村家庭的生活方式，流动家庭与留守家庭成为生活的常态，家庭的传统结构和价值地位受到了挑战。一方面，城市发展和劳动密集型产业的出现，对劳动力的需求逐渐增大；另一方面，农民的双脚站在市场经济之中而不是自给自足的生产之上，农民的收入状况无论是好还是坏，都已经无法满足生活资料与生产资料的获得需求（叶敬忠，2012），于是，外出寻求谋生之路成为不得已而为之的选择。在农村，青年在结婚前，通过务工来减轻家庭的经济负担，部分人有过外出务工的经历；青年在结婚后，为了维持家庭的基本生计、改善生活状况和赡养老人，或是男性继续外出务工、女性在家料理家务，或是夫妻双双外出务工，两个人在不同地区务工的情况屡见不鲜，甚至有夫妻双方在不同国家务工的情况。也就是说，原来两个独立的个体在组成家庭之后有了短暂的聚合，随后又走上了相互分离的道路（见图 2-2）。夫妻双方外出务工，孩子留在家乡由老人照看，第一代人和第三代人形成不完整的扩大家庭，而核心家庭三人分别生活在三个地方的现象并不罕见。只有在节假日，核心家庭或是扩大家庭成员才会聚居于一地，形成短暂的聚合。在 A 村，村里出现红白喜事时外出打工的农民在条件允许的情况下都会回到农村，因为这是"大事"。此外，清明节、中元节也是农民会尽力赶回来的节日。随后，他们又各自奔赴自己务工的城市，直至下一次团聚，再次形成传统意义上的家庭。在日常情况下，家庭的聚合状态因各个家庭成员的流动而被打断。家庭的碎片化打破了家庭所给予的传统支持和保护功能，农民不得不从家庭中脱离出来寻求新的保护路径，转而寄托于公共空间来获得某种支持与保护。

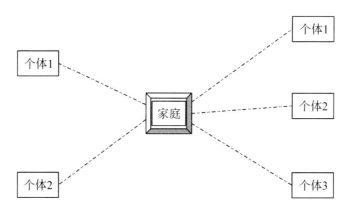

图 2-2　现代农村人们组成家庭之后的离散

2.4 农民身份：由社员身份向农民工身份转变

农村社会中，政治化阶层转向经济化阶层，农村家庭在被迫流动中由凝聚性家庭向分散性家庭转变。在农村社会，农民的身份由普通的社员带有政治性的身份向农民工带有社会性的身份转变。

在人民公社时期，农民的社员身份是一种管理身份，体现着其作为人民公社中的一员，受到人民公社的管理和控制。这是国家强制性主导的意识形态建设的产物，用以恢复生产、保护革命成果。同时，农民被限制在土地和农村范围，使得其与城市、市民呈现出隔离状态。社员身份设置的两种意图可以解释为两把锁："一把锁"将单个的农民控制在人民公社之中，由社队干部严加看守；"另一把锁"将所有农民固定在城镇之外的农村，农民进入城门的"钥匙"掌握在相关干部的手中（张英洪，2013）。

英国历史法学家亨利·萨姆奈·梅因（2007）提出，所有进步社会的运动"都是一个从身份到契约的运动"。从身份社会走向契约社会，"实质是人的解放，是用法治取代人治，自由流动取代身份约束"（林光彬，2002）。改革开放后，人民公社体制废除，取而代之的是家庭联产承包责任制的生产体制和农村村民自治的管理方式，农民的身份由社员转向农民。此阶段的农民包含了三层含义：一是政治含义，即工、农、商等社会群体的划分；二是职业含义，即从事农业生产的劳动者；三是文化含义，即代表着传统、保守的民间文化。而随着现代化进程的不断深入，城市化和工业化铺天盖地袭来，农民成为城市建设的主要劳动力。一方面，工业化建设凸显了对廉价劳动力的需求。20世纪80年代末，A村陆陆续续开始有工厂进来招收工人，这些工厂多为建筑公司、砖厂，即招收纯粹的体力劳动者。另一方面，改革开放初期沉重的农业税、三提五统，使得农民处于较大的税费压力之下。在A村，这几项税费最高时每人每年达到130元，而那时一个建筑工人每天的收入为2~3元。同时，20世纪90年代出现了商品化特质，即一切所需要的生活资料和生产资料都需要购买，农民不得不选择外出务工。工业化发展需要的是身强力壮的劳动力，而这些人往往也是农业生产的主体，所以他们成为具有经济性质的农民工。农民在城市工作，既不被称为工人，也不是白领，而是以其最初的身份——农民来命名为农民工，这也在一定程度上体现了他们在社会中处于一种弱势和边缘的地位，难以融入城市中，在城市与农村之间徘徊。农民从农村中的抽离，导致了公共空间中主体的缺失，形成了虚无的公共空间。

2.5　小结

本章从农村社会、家庭和个人三个层面对 A 村的发展历史进行白描。通过粗线条的勾勒，可以发现 A 村发展历史的转变引发个体生活轨迹由固定的社员转变为从事农业生产、居住于农村的经济性身份；家庭生活模式由凝聚的扩大家庭转向分散在多个城市的不完整扩大家庭；社区互动模式和交往信仰由互助互惠、政治信仰转向以私利为前提的经济互惠信仰。这三个层面的改变所造成的结果是村庄固定边界的瓦解，农民不再被限制在村庄内，村庄公共空间的封闭性被打破。村庄集体的瓦解，造成行政的、国家发动的公共空间不在，农民重新返回家庭。然而，家庭功能和存在形式的变化，迫使农民又不得不回归农村社会。本书之所以选择 A 村作为调研地点，原因有两点：一是 A 村是一个资源型村，外来资本的进入，带来了当地矿厂的建立，由此引发了与资源、利益相关的争斗，社会关系较为复杂，公共空间中的互动也更为丰富。二是完整的村庄由一条省道一分为二，省道的建设地点曾引起村民之间的争议，由此形成的占地与赔偿矛盾在今天虽然得到缓解，但依旧受到当时公路修建时利益双方的影响。对于处于城镇化进程中的农村来说，外来资本和国家力量不断进入农村，农村时刻面临非本土力量。A 村在一定程度上是处于城市化、现代化进程中的一个农村的缩影。

3 农村消费公共空间的转型

　　农村消费公共空间，按照内容可以划分为经济活动、政治活动、社会活动和文化活动四个方面，具体可以划分为四个维度，即消费公共空间、政治公共空间、社会公共空间和娱乐公共空间。在消费公共空间，表现为农民在集市、商店等的人际交往；在政治公共空间，表现为农民在选举、上访以及一些非正式场合的参与表达；在社会公共空间，表现为农民的参与性，即在国家服务缺失的情况下形成农民的互助；在娱乐公共空间，表现为农民积极参与村集体娱乐活动。

　　21世纪以来，社会结构内生产和消费的地位发生了重大变化。生产社会向消费社会转变，消费取代了生产在社会体系中的核心地位。因此，不仅是人们的消费观念发生了改变，更重要的是在这种观念之下，人与物、人与人的关系都发生了改变。消费社会的到来，意味着消费不仅仅是一种生活需要，更表现为一种消费主义的盛行，以消费、货币为符号的表征体系开始控制人们的消费取向，而消费社会所具有的特性正在生产着公共性。哈贝马斯认为，只有建立在私人领域基础上的公共领域，才具有真正的公共性。在他看来，公众与公共舆论是产生公共性的两大动力，有别于封建地主阶级，建立在商业利益基础上的资产阶级强调"自由民主"，丰富的物质资源与公共领域中带有个人化的公共意见更具有对抗性（詹世友，2005）。鲍曼（2002）认为，当前的消费社会使得消费者具有自由选择权，物的极大解放将个体推入一个完全解放和自我实现的社会阶段，因而表现出明确的私人性。尚·布希亚（2001）认为，消费社会中，物质的丰富促使消费者追求更多的商品，消费者在商品面前变得越来越不平等，在物面前的不平等实质上是人的不平等。

对于我国的农村来说，20 世纪中期实行的是计划经济体制，消费行为受到规范性控制，生产是极力受推崇的发展内容，农村更多的表现为生产共同体，农民以生产队为基础每天固定到对应地点进行生产劳作。20 世纪90 年代后，市场逐渐开放，计划经济被市场经济取代，尤其是在城市化的背景下，农村生产社会向消费社会转变，农村逐渐转向具有市场特征的消费共同体，这使得已经失去市场公共空间的村庄经历着市场力量的分离。在消费公共空间中，农民成了明确的消费者，物品、消费成为主题，农民在公共空间中的消费特质愈加明显，互动特质逐渐减少。正如尚·布希亚（2001）所说，"我们生活在物的时代，我们根据它们的节奏和不断替代的现实而生活着。在以往的所有文明中，能够在一代代人之后存在下来的是物，是经久不衰的工具或建筑物，而今天，看到物的产生、完善与消亡的却是我们自己。"在本章中，笔者根据农民消费的主要场所——集市、小商店和农民的房屋三个地理空间，来观察农民公共空间内的私人活动，即这些行为发生了何种变化，受到了公共空间哪些因素的影响，又如何影响消费的公共空间。

3.1　乡村集市的变迁

施坚雅认为，中国的小农生活在一个自给自足的世界中，那个世界不是村庄，而是基层市场共同体。鉴于这样的论述，黄宗智提出施氏的研究使他认识到，集市是农村公共生活空间的集中体现。在这个空间内，不仅有人与人之间面对面的互动，还有农民行为的存在，而人与人的互动关系也逐渐简化为单一的互动关系。从某种程度上说，消费公共空间内人际互动关系的变化不是一个自主发展的过程，在这个过程中农民由卖方变为买方。国家给予了空间，农民也有了自由买卖的权利，以农民为主体的市场由一种卖方空间向买方空间转变。在他者的眼中，农民从土地中获得粮食、蔬菜、豆类，从养殖中获得肉、蛋、禽，从河边土里获得建房的原材料，从手工业中获得农用工具、家用道具。马克思认为，每一个农户差不多都是自给自足的，都是直接生产自己的大部分消费品，因而他们取得生活资料多半是靠与自然交换，而不是靠与社会交往。现今，农民已经完全离不开市场，建房的砖头替代了石头，水泥替代了黄土，化肥替代了粪肥等，生活和生产用品无一不需要购买。集市上的购买在某些情况下又具有一定的强迫性，因为难以有其他选择。因此，农村中消费的必要性在增强。此外，集市不仅仅是村民消费、互动之地，还成为农民认识外界的桥梁。

3.1.1 政策诱导下的乡村集市的变迁

农村集市最初源于不同资料所有者之间的物物交换，是自然经济的产物。在历史上，集市是人们为了满足生活需要而进行的贸易往来。在乡土社会，"城乡市集，皆有常期，遇期远近皆至，日斜而退"（徐浩，1999），集市是农民的一种生活常态，更多地表现为本土性，为农产品买卖提供了空间。而在现代国家建构的过程中，集市的收缩与扩张、商品种类多与少的变化，以及农民购买数量的多少与国家对乡土社会的管控张弛紧密相关。20世纪60年代后，国家权力扩张中集市空间受到了极大打击，而在市场经济体制后又迅速被拔高。在压与拉之间，集市的消费空间逐渐得到扩散，集市成为更加纯粹的消费场所，集市所具有的信息交换等具有互动性质的功能大大弱化。

改革开放后，国家对农产品实行严格的控制，农产品国家化特质依旧十分明显。不同的是在人民公社时期，国家依赖于集体制，即从农村中获得国家粮食，以人民公社制度遏制人们自由交换、买卖的空间。在家庭联产承包责任制实施后，国家改用现代国家的经济调控手段——农业税来获得国家粮，农民不得不销售粮食来支付农业税，而在改革开放初期农民获得收入的直接办法就是销售农产品，因此通过集市销售成为农民获得收入的重要途径。1978年12月，党的十一届三中全会做出把党的工作重心转移到经济建设上来的重大决策，会议同意下发的《关于加快农业发展若干问题的决定（草案）》和《农村人民公社工作条例（试行草案）》两个文件提出，恢复自留地和及时贸易。1993年，国务院发布了《城乡集市贸易管理办法》，明确规定集市贸易是社会主义统一市场的组成部分，对其要从"活"入手，跳出"管"的圈子，推动其由以自给半自给经济为基础的农民互通有无调剂余缺的农贸市场，变为沟通城乡物资交流的综合性商品交换市场（吴晓燕，2009）。但这并不意味着国家从集市空间中撤离，相反，国家对农村管理体制和城乡关系的调整，以及对城市用地和农村土地管理制度的调整，造成农村劳动力和耕地的减少。

在 A 村，因为干旱小麦、玉米难以有较高的产量，而本村黄沙土的土质是适宜花生生长的土壤环境，因此，A 村村民所交的公粮以花生为主。20 世纪 80 年代，A 村每人每年需要交纳花生的重量由最初的 4 千克增加到 8 千克，并增加了对板栗、核桃等农业特产税的征收。农民常常需要借钱来缴纳农业税，沉重的农业税压制了农民的消费能力。在当时，农民主要的收入为种地所得，出去打工的人并不多。少数有过外出打工经历的人表示，在当时建筑工地工作每天的工资是 3 元，而买一条的确良的裤子是 5 元。在收入与支出的悬殊之间，农民往往对缴够农业税和满足吃饱穿暖之外的消费没有太多的精力去关注。同时，物资相对集中在城市，农村集市的发育程度十分有限。

20 世纪 90 年代，国家除对农民征收农业税之外，还确立了三提五统政策。在这一阶段，国家属于汲取型政府，国家需要从农村汲取资源，并根据这一国家目标进行制度安排（徐勇，2006）。1991 年，国务院颁布了《农民承担费用和劳务管理条例》，明确了三提五统的具体内容。三提是指村级三项提留（公积金、公益金、管理费），五统是指五项乡镇统筹（教育附加、计划生育费、民兵训练费、民政优抚费、民办交通费）。在 A 村，三提五统包含了村干部的工资、乡政府行政办公费用、教育费、教师工资、公共事业建设费等。虽然在《农民承担费用和劳务管理条例》中明确规定其征收标准不能超过农民上年人均纯收入的 5%（张岸元和白文波，2007），但在实际征收过程中，往往是按照乡镇、村级的需要来划定收取范围的。在 A 村，每年由乡镇划定村中五统的数额，在满足乡镇政府行政支出后才能保留村级需要的费用。在这一阶段，农民的税收支出达到了最高，平均每人每年需要缴纳 120~130 元。而农民在砖厂，或是在矿厂打工一个月的工资为 140~150 元。农民或是借钱，或是拖欠税款来支付高额税收。可以说，国家对农民的汲取在这一阶段达到顶峰，并逐渐向一种悬浮性政权转变（周飞舟，2006）。虽然这一阶段农民的负担达到了最大，但是集市却有了显著发展。这并非源于农民消费水平的提高，而在于市场经济体制的建立，使得一些可调动因素纳入市场中，集市焕发了新的活力。所以说，集市的发展不是农民选择的结果，而是国家规制的结果。此时，存在吉登斯所讨论的关于国家对基层市场监控的两种手段：交易信息的收集与储存和居于权力位置的组织对他人的市场活动实施监管（张岸元和白文波，1998）。在集市摆摊的人需要在乡管理办公室（工商部门）登记个人信息，摊位费也由最初的免费涨到 10 元/月。2000 年后，集市进入了全新的发展时期。其不仅仅是因为国家对集市的支持力度加大，还在于市场对农民消费的诱导性增强，如信贷机制的实践、基层市场的完善。经过改革开放 40 多年的积累，国家经济实力匮乏的情况得到了改善。国家不但取消了农业税，而且给予农民种粮补贴。这一政策的改变，在某种程度上减轻了农民的负担，增加了农民的消费空间。

3.1.2 消费习惯改变下的人际互动

杜赞奇（1994）认为，集市在村民互动中起着牵线的作用。人们在集市买卖时，往往会寻找本村人，以此提高自己在集市交易中讨价还价的地位。杨乡集市距离 A 村 1.5 千米。该集市以杨乡为中心，以杨乡的主干道为集市的主要场所，在街道两边摆摊买卖，杨乡集市覆盖的街道长度为 700 米。杨乡集市一般是从早上 8 点开始，到中午赶集的人就陆续回家，摆摊的人也收拾货品准备离开。20 世纪 80 年代初，农历的一和六的日子是杨乡的集市。当初杨乡集市地理位置的选择主要考虑到其处于所覆盖村的中心，以方便附近村民购买和摆摊。对于 A 村的村民来说，赶集是一件较为方便的事情。到赶集的那一天，早饭后村民们就站在穿村而过的公路边，和要去赶集的人搭伙一块去。买布、买菜、买衣服，是村民们赶集常做的事情。集市上除了摆摊的之外，在公路两边还有一些商铺，村民们也会捎带着在赶集的时候进行充话费、榨油、买药等一系列需要在这里才可以完成的消费。可以说，赶集不仅是为了满足接下来没有集市日子里的生活需要，还有额外的辅助支出。在物质资源相对匮乏的年代，人们在集市上的消费往往是十分有限的。集市不仅是消费的场所，也是人们互动的场所。集市汇集了不同村的人，平时不常见到的人也较为容易在集市上碰面，信息交流是人群较为密集的集市的主要功能之一。在物资和交流信息逐渐丰富的今天，集市成为商品的天下，电话、手机的出现也早将集市的互动功能推向了历史的过往中。

在物方面，集市中的商品成为市场化的一部分，具有集体记忆的物品难以出现在市场中。集市上售卖的商品中，山寨城市品牌的商品以难以发觉的形式掩埋在众多的商品中。乡村山寨品与城市山寨品不同的是，后者是一种完全的仿照，而前者是神似和形似，比如奥比奥（奥利奥）、古力架（士力架）、脉劫（脉动）等。有的村民经常看电视，较为了解食品品牌，但因为没有其他的物品可买，故不得不购买山寨商品。而有的村民可能难以发现，或者不了解食品品牌，也就在"信息不对称"下购买了山寨食品。农村山寨市场的流行，一方面在于城市饮食习惯、消费倾向对农村的影响，另一方面在于农村消费市场的相对无序，使国家在消费空间里真正的监督力量并没有完全发挥。山寨市场行为对传统乡村的公共伦理是一种侵害。在集市上卖过儿童零食的妇女说，"刚进货的时候不知道这是什么牌子，后来村里有个人说我卖的零食跟电视里的不一样，我就只能给人家说不一样。我看现在人们也习惯了，好像很愿意买这些商品的，不贵还有面子。"山寨食品所带来的山寨文化麻木着农民传统的买卖观念，而这样一种"山寨"买卖观念其实在腐化着传统交往准则，即当人们成为单一的买卖关系时，也就不需要顾及村民之间的面子、交情。除此之外，集市上的人群围聚、摊位的广播、摊主的吆喝都成为吸引人们驻足、持续关注，进而产生购买行动的推动力。在一个赶集日，一位没有去赶集的妇女说，"不去赶集，不去和她们凑热闹，家里没钱，不想买东西到了那里都得买了，去逛了一圈不给小人们（孩子们）买点也不好。"通常，赶集的主要支出在于平时在小卖部和流动摊位上不易购买，或者集市上售卖质量较好的商品，如布料、奶粉。而蔬菜、卫生纸、米面等是在村子中主要流动售卖的商品。无论是在商铺还是在路边的摊子上，都很容易发现城市消费对农村的影响。比如说男性棒球球服、女性用的发饰、儿童玩具等，这些在城市常见的东西在农村也并不罕见，村民们对此更是不觉得陌生；相反，他们对此也认为是一种好看、时髦的东西。妇女在给儿童挑选玩具、衣服的时候，会专门注意到印在上面的图案。这一特质吸引了人们赶集的眼球。女性之间也会特意聊起自己看到的服装，或是自己想要买的衣服，互相讨论好看与否、搭配合理与否。对服装美、流行元素的追求早已不是城市女性、时尚女郎的专有话题。商品广告的宣传，让消费品不仅仅具有一种使用价值，更具有身份的象征价值。这种身份在某种程度上以城市为取向，即贴近城市的生活和消费方式，表现为一种人的消费城市化的过程。可以说一种以城市为取向的消费主义倾向在农村越来越明显。在生活资料上，农民很难有生活用品不需要购买。以前做饭的灶可以用黄泥，保温而持久，而现在黄泥都不见了，只能用砖头。从某种程度上说，消费应该是带给人们更多的选择，而不是扼杀农民原来的选择。当现代的、高科技的商品进入农村消费空间时，应该是给农民更多的选择，习惯新的商品、对之有更多了解的人可以选择，而不太了解、更习惯传统商品的人则有保持原有习惯的权利。而如今恰恰相反，消费主义挤压了传统生活习惯和物品存在的空间。一方面，农民有机会接触到外来物品，这种物品也许并非真正的"品牌"产品；另一方面，带来传统、本土物品生存空间的压缩。传统的物品带有一种"公"的性质，即村庄的公共文化、公共习俗、集体记忆凝聚到某一个手工工具上。而集市上所带来的现代商品，所凝结的是商品的使用属性，对农民来说也只是一个工具，难以形成相似文化、记忆的共鸣。

在社会交往方面，由集市的定义来推理，在某种程度上可以将之阐释为人的集合和物品的集中。集市的变迁除了表现为人们消费物品种类的变化外，还表现为人与人之间互动的减少。施坚雅认为，集市中交换体制、货物的意义不是单纯的经济现象，集市不仅在于满足人们日常生活的需要，还是村民之间进行互动，分享买卖、就业、婚嫁信息的主要场所。在A村，到了赶集那一天，住在村东的妇女依旧会站在街边，看看从村西来的人是否需要搭伴。因为杨乡集市离得比较近，所以农民的购买物多以日常生活用品为主，赶集人中多以妇女为主，妇女一般是三三两两结伴去赶集。同时，赶集的主要精力也都凝聚在物品上，对身边人的注视有所减少。村中有户陈姓的人家，有六个女儿，三女儿、四女儿、五女儿在村内居住，六女儿在杨乡集市有一个服装店。于是，这个服装店就成为四个女儿碰面的地方，同时与村中三个女儿关系较好的人也常到这个服装店走动。这也成为唯一能让他们较长时间驻足聊天的地方。在服装店中，往往是讨价还价中穿插着姐妹的聊天，三个女儿也会说"好看、合适、不贵"。A村村支书跟卖服装的六女儿是表兄妹，偶尔也会到服装店来，和买服装的本村妇女开开玩笑。在集市上，熟人之间的碰面往往不会驻足，只是简单问候。简单地交流也多是买了什么、什么东西便宜。拥挤的人群、商品包围着的狭窄空间，以及来往的车辆促使人不停地向前走，使得赶集的村民难以有更深入地交流。如果说，在过去集市为村民提供了一种交流平台，也为联系不方便的人提供了找到对方的机会，那么现在集市的消费功能就成为主要功能，交往功能已经置于边缘地位。除了杨乡集市之外，优山集市也是 A 村村民会去的一个地方。优山镇距离 A 村 12 千米，农历的二和七的日子是优山镇的集市。优山集市长 2 千米，不但有较为丰富的日常生活用品，还有一些家居店、窗帘店、汽车修理店。随着村中建房的增多，到优山集市购买建房所需材料的村民也日渐增多。优山集市的面积大，来赶集的人比较多。与杨乡集市相比，在优山集市上更容易遇见熟人。然而，比杨乡集市更为多的商品，更为拥挤的人群，更为浓厚的消费氛围，让赶集的人更难有互动的可能。集市作为家庭和个人消费的主要场所，承载着外在力量对农民消费方式的影响和农民在这种影响下的自然反应。在集市的演变过程中，最初的遏制力量总是格外明显，发展中的推动力量显得如此隐蔽。集市如流动的水，国家以制度作为控制的阀门，或堵塞或疏导，阀门的开关服务于国家的管理需要。国家对集市的态度由先前的遏制到推进，由希望农民不消费到希望农民积极消费，由配置型资源来获得权力到现在依赖于权威性资源获得权力，国家通过政策、工作导向来刺激消费、投资，以此来将权力渗透于农民日常消费的公共空间中。对农民来说，集市的市场特征愈加明显，他们在集市这个公共空间中由以消费、互动为主转变为以消费为主，由单独赶集的集中消费（购买较为固定的商品）转变为集体赶集的独自消费（购买商品多样化），集市中的"公"表现出更多的城市化、市场化特征，而农村具有传统的、集体记忆的生活和生产资料日渐在集市的发育中消失。

3.2 小商店公共性的变迁

3.2.1 小商店消费功能的强化

A 村的第一个小商店产生于 1994 年，店主是一位赵姓妇女。当时，她的大女儿 6 岁、小儿子 1 岁，她因为带孩子而难以外出打工。她的丈夫在杨乡供销社工作，她的房屋正好位于省道一侧，依靠临街的位置和丈夫的职业为她开村中的第一家小商店提供了良好的基础。村庄内小商店的出现，一方面，以满足村民日常生活所需要的盐、醋、烟酒以及零食为主；另一方面，小商店成为不能外出务工，留守在家庭照看子女，或是身体健康状况较差的人群获取收入的一种来源。小商店一般临街而建，有着相对优越的地理位置；以妇女经营为主，她们因为年龄、受教育程度、健康状况等情况，无法在城市找到相适宜的工作，为补贴家用而开了临街小店。在小商店出现的初期，常常能够形成村民们的聚集。其原因主要在于，小商店门前有开阔的平台，尤其是在晚上缺少娱乐活动的农村，小商店门前的灯光、开阔的平台很容易聚集起村民。以前开过小商店的农民说，"村子不大，街上没碰上，在这里就很容易碰上。"在人们娱乐活动、交流渠道相对单一的时期，小商店是农民互动的场所，但这反而使小商店的本身功能——销售处于边缘地位。在矿厂进入农村之后，小商店的经济功能逐渐向中心地位靠拢，在小商店的经营者和村民的观念中其买卖形象更加明确。1994 年，在 A 村东边出现了第一家选铁厂，小商店的客源逐渐将矿厂以及矿厂的工人包含在内。在此后的 10 多年，矿厂的数量由最初的 1 家增加到 14 家，而到现今几乎没有矿厂在完整地经营了，小商店也缩减为 5 家。小商店数量的减少也带来农村公共性的弱化。

从村民的角度来说，其他消费渠道的存在，如镇上的商店、集市、流动商贩，弱化了村民对小商店的依赖，进而影响到小商店的经营。20 世纪 90 年代，村庄是村民们活动的主要范围，无论村民是向外流动还是留守村庄，村庄内部和村庄附近都是小商店的主要辐射范围。然而，到 2000 年，村民的消费空间日渐扩大。随着农民流动范围的扩大和流动周期的延长，即从少部分人外出打工到大部分人外出打工，从在附近县城打工到去其他省（自治区、直辖市）打工，从偶尔打工补贴家用到打工成为家庭收入的主要来源，农民的消费地域也在不断扩大，超出村庄的范围。34 岁的孙姓妇女说："自己的女儿很少在家买东西，很多都是她在北京打工的时候买回来的。"48 岁的广姓妇女说："俩孩子都是在县城上学，所用物品也基本都是在县城买了。"村民因为人情走动、看病、接送学生等跨地域性的日常事务增多，所以被连接到更广泛的市场空间中，家庭日常生活对村庄小商店的依赖大大减少。随着市场力量逐渐渗透到村庄，进村销售大米、卫生纸、蔬菜等的流动商贩日益增多，年轻的女性甚至学会了从网上购物。

从商店经营者的角度来说，国家政策的调整和生活压力的增大，使得经营成为小商店的主要目标。20 世纪 90 年代，国家对商店检查严格，派出所、工商、消防、卫生等部门每个月都会派人来检查。当时，每个月增值税、所得税的费用都有一两百元。这给村庄小商店的发展带来了较大的负担，尤其是当小商店销售额不高的时候。小商店店主赵姓妇女说 2006 年之后，所有税收都不需要缴纳了，只需要每个月缴纳 10 元的管理费。然而，随着集市多样化程度的提高，集市对村庄小商店具有很大的替代性。在 1994 年国家税费调整后，分税制的实施以及 2006 年农业税的取消，使得国家对村庄的管理表现为由汲取型政府向悬浮型政府转变。村庄小商店也从汲取对象变为了扶助对象。在市场经济体制实施之后，拉动内需是国家强调的政策，刺激性消费由城市向农村蔓延。在 2005 年新农村建设中，国家出台了"万村千乡市场工程"①"双百市场工程"② 等政策，投资 800 亿元来支持连锁商业企业直接到农村开设农家店，为其配送相关的货物。在现行税法规定中，取消对月销售额在 2 000~5 000 元的小商店征收增值税。可以说，在国家政策的调整下，小商店逐渐成为一种经营主体而非休闲的场所，这在村庄表现为"到店里待会儿不买东西不好意思""开商店也就是为了赚钱"。国家对农村小商店的管理政策由汲取到补贴，强化了小商店作为经济主体的经营性。

3.2.2　小商店对农村未成年人的吸引

对村民来说，村庄小商店最大的特征已不再是便利性，而在于其对儿童消费的吸引力。村庄小商店消费主体发生变化，即由矿厂及其工人、大众村民转向未成年人。从横向来说，未成年人的消费能力要远远弱于矿厂及其工人；从纵向来说，未成年人的消费水平逐年提高，这一项支出在过去基本不存在于家庭支出份额中，家庭也不会花费过多的数额在未成年人

---

① "万村千乡市场工程"是商务部在 2005 年着力推动社会主义新农村建设的重要举措之一。而商务部"万村千乡市场工程"服务系统，为企业提供了录入验收通过的农家店和配送中心信息，以及建设情况和经营情况报送的平台，方便商务主管部门通过系统随时了解企业农家店和配送中心情况，进行相应的数据采集，并起到良好的审核管理作用，推动农村现代流通业的发展，同时也为用户提供了一个了解国家政策、工作动态的信息平台。

② "双百市场工程"是商务部在 2009 年启动支持 100 家大型农产品批发市场和 100 家大型农产品流通企业，建设或改造配送中心、仓储、质量安全、检验检测、废弃物处理及冷链系统等工程。

的娱乐活动和零食上。在村内，小商店是未成年人的小天堂。年龄较小的儿童在这里买零食，尤其是村小学每天放学的时候，小孩子们三三两两就跑到小商店去买棒棒糖、山楂糖。25 岁的刘姓母亲，儿子 5 岁，在村小学上一年级。由于自己年轻也比较爱吃零食，基本上每天都会花 0.5～1 元给儿子买零食，而她家庭的经济水平在 A 村属于中下等。村小学只有幼儿园和一年级，上完一年级之后，就需要到乡里学校住校学习。所以，其他年级的未成年人只能在周末到小商店中去买一些零食，而父母会觉得孩子在外上学不容易，从而也不会在零食花费上有特别的限制。14 岁的小梁在县城的中学上初二，10 天回家一次，学习成绩优秀。他的奶奶说："他爸妈不给孩子的，我都会给，现在条件好了，不差孩子这点零用钱。"17 岁的宋×星隔两三天就会到小商店买盒烟，他早上通常 9～10 时起床，这对不到 7 时就起床的父母来说"简直懒到家了"。如果在集市上的日常消费以家庭生计为取向，那么在另一消费空间——小商店中，未成年人消费成了家庭日常消费的主体。村民在小商店中的消费内容由过去的日常生活用品转向儿童的零食、青少年的烟酒，这些商品在过去并不是消费的必需品，零食消费成为一项与过去有着天壤之别的消费内容。家庭经济条件较为困难的 45 岁广姓妇女说不愿意路过小商店，现在小孩都馋了，为了让孩子减少对零食的依赖，她经常是炸土豆片或土豆条（土豆是 A 村的主要种植产物，也是冬天主要的菜品之一）。另一位年龄相仿的妇女也表示，小商店其实就是为孩子们开的，饮料、糖果、饼干都对小孩有着莫大的吸引力。也正是因为小商店对农村未成年人的吸引，村民在儿童零食上的花费增多，尤其是对于经济条件较为困难的家庭。有些村民为了避免"小人"在村中有过多的消费，就尽量减少在小商店出现的机会。

村里还有一家卖蔬菜的小商店，村民会在这里购买一日三餐所需的或是在集市上难以买到的食物，比如主食、豆腐、豆芽、鱼类等。这家小商店在 2006 年开张，不仅仅在 A 村销售蔬菜，也会开车把蔬菜拉到外村、各种集市上去销售。村里还有一个被村民称之为"大臭"的 30 岁年轻人也在卖菜。以前这个地方的矿厂比较多，把车开到山里的工厂附近两三千元的菜一个多小时就能卖完。现在工厂少了，一个集市上只有五六个卖菜的摊位，生意不好做了，而卖菜人的减少在一定程度上意味着购买量的减少。事实上，随着现代流动性的增强，越来越多的人离开村庄，进城上学、打工、定居，蔬菜消费群体的数量在一定程度上减少了。然而，单个人的蔬菜消费量却增加了。社会的流动性，让每个人都成为潜在的流动者。在 A 村，出去打工的人逐年增加。这样的就业结构，对农村的种植结构产生了影响。为了使土地不被荒废，且在缺乏照料的情况下依旧能够带来经济收入，村民选择种植能够耐旱的作物。居住在村东北沟最深处的 56 岁的张大妈说，自己家的园子地（能够浇水，属于菜地）的两侧都种上了树，两侧地的主人都在外面打工，而且这个树紧紧挨着自己的土地，树木的根支完全跨越了地的界限，"好好的园子地都种上了树"。树木对水的吸收能力完全超越了蔬菜，而高大的树木完全挡住了阳光。无奈之下，自己的园子地也只能种上树。从耕地变荒地，到现在耕地变林地，在小农的种植范围，蔬菜的种植空间不断被压缩。这种压缩从表面上来看是一种自主选择不同生计方式的结果，因为农民无法站立原地维持原有的种植结构，购买蔬菜也成为一种无奈之举。

小商店曾经是一种维持生计的手段，也是村民驻足聊天、可以赊账买卖的"后院"。随着市场的范围逐渐跨越了地域限制，小商店也不再是村庄的"后院"，而是成为现代市场体系中的基本单元，受到物流配送体系、管理模式、采购模式等一系列现代化体系的影响。小商店逐渐具有了"全球化"角色。

3.3　建房逻辑的转变

房屋的出现源于人们由采集狩猎式的生活方式向狩猎式的生活方式转变，相对固定的一个地方，以及相对成熟的生产技术使得人们学会了如何建房。房屋最初的功能在于保证人们能够相对稳定下来，使其能够在一定范围免受野兽的侵害和自然灾害的影响。人类社会以房屋为单位，居住、生活、婚姻、组织家庭、生殖养育后代、养老送终，形成了人类社会的最基本单元。在农村，房屋的生活功能依旧存在，而公共空间的功能逐渐减退。随着房屋格局的变化，农民个体在变化中得到了不同的感受。

按照年代来划分，A 村存在三种类型的房子。第一种是老房子，这种类型的房子基本都在 20 世纪 90 年代以前建成。其房屋结构主要是木梁，然后通过不完整的石头和黄泥堆砌而成，这些房屋也多是邻里亲戚互相帮忙建成的。房屋基本是以北房、东西两配房为主要形式，院子的表面多以泥土为主而非水泥。就地取材和互帮互助的建房模式大大减少了建房成本。第二种是平房。平房多建在20世纪90年代末到2008年。20世纪90年代村里出现了水泥，伴随而来的是砖房的出现，村中第一家砖房出现在1997年，其北屋和配房是砖房，院子的围墙依旧用石头修砌，院子的地面用水泥涂抹平，原材料的改变提高了建房的成本。砖房的出现也带来了专业的工程队，加之外出流动人口的增多，建房的人力成本也就大大提高了。第三种是楼房。楼房多建于2009年之后，直观来看，其与前两者最大的变化在于变成了二层小楼，有的楼房二楼是封闭式的，有的楼房二楼是开放式的阳台。从外观看，这种楼房属于一种较为完整、与城市楼房更为相似的房屋，石头、砖头都被掩藏在洁白的瓷砖下，院子里也铺上了地砖。传统的北屋和东西配房的格式不再是一种经典款式，楼房多为"L"形或"一"字形，即北屋和一个配房，或一个北屋，并且房屋的居住面积明显增加，院子的面积减少。房屋面积的增加、楼层的增多，以及外在装饰物的增多，使得近两年要建一座楼房基本要花费15万~20万元。在短短30多年的时间里，房屋的结构、格局、成本发生了变化。

伴随房屋格局、结构的变化，在农村，作为主要交流媒介的房屋，其功能已经发生变化。在农村的新房中，冲人吠叫的狗减少了，低矮的围墙换成了整齐高垒的院墙，微闭的栅栏门换成了紧缩的铁门，从外向内望去，只能看到墙与门。在院落内，连接院落与房屋的玻璃都改成了两层。以前在街上叫人的情况也不多见了，人只能孤单地站在院落中喊房屋主人的名字。在房屋内，紧闭的卧室门，处于客厅深处的房间，房屋的面积在增大，而客人在房屋内的自由空间却在急剧缩小。在A村，村民说不愿意串门了，一是房子大了有时叫半天也没人理，二是现在房子弄得都很干净，生怕给人家踩脏了，觉得不好意思。愈加增大的房屋，愈加严密的房屋，无形中增大了房屋的私密性，缩小了居住于其中的人和外来者之间的活动空间。像是一个微张开的贝壳，将一家人圈在了划分明确的房间内，留下了有限的、相对明确的缝隙来与外界互动。随着房屋完整性的增强，房间功能划分明确，隐秘、封闭的房屋私人性愈加增强，这也意味着房屋已经不再是人际交往的公共空间。

相对开放、分隔不明确的老房子已经难以回到村民建楼的热潮中，其特有的原材料和技术、人员要求，在当前已经难以得到满足。而建平房和楼房更为便捷、省时省力，专业工程队的出现减少了对劳动力的需求。老人说还是老房子住着舒服，冬暖夏凉，保温性能比现在的房子要好。房屋最初出现在于提供一个保温御寒的住所，并在此范围内形成婚姻、家庭，养育子女。随着经济水平提高，房屋的面积、外观、结构都呈现出了大、美、牢固的特征。房屋的大和美强调更多的是观赏性、代表性，而非房屋的居住性，并且房屋的面积已经超出农民个体的承受范围，房屋的美成为一种刻意地表现，而非自然地呈现。村中的房屋多是以五大间或七大间的方式来说明房屋的大小，而非面积。以平房的五大间为例，五大间是指北屋有三间房，东西配房有两间。而楼房的配房楼层不变，北屋在五大间的基础上又向上建了一层，相当于有八间房。在 A 村，一个房屋的常住人口为两三人，多数楼房的二楼基本是闲置的，用于放置一些老房子的家具，以使房屋显得紧凑。而居住在平房里的人也多是在两个房间活动，即卧室和厨房。49 岁的陈阿姨有七间房，女儿在白沟生活，儿子在另一个县城打工，她的丈夫当过村干部，现在在家乡做一些小工程。她家的客厅只有三组沙发和一个茶几，客厅旁的主卧室有电视机。他们平时几乎不在客厅坐，晚上在卧室看电视，白天出去忙农活。客厅只是他们要进卧室的必经之地，而其他两个房间也只有在儿女回来之后才使用。她说这房子比以前宽敞多了，孩子们也不用挤在一起了。剩下的两个房间基本上无人居住，也没有太多杂物可放。为了让房间显得紧凑一些，陈阿姨又在儿子的房间安装了一个推拉门作为隔断。

法兰克福学派在消费社会研究中提出，在资本主义社会中，为了保证资本主义生产的顺利进行，资产阶级通过制度控制了消费，导致了虚假需求和消费异化，而这两者在本质上体现了商品拜物教的逻辑，使得人们在面临选择时，难以做出真正的选择（汪东东，2013）。在农村，这种大而美的房屋建设，在传统社会中是一种身份、等级的象征，而在现代社会中是虚假需求的结果。在马尔库塞看来，这种虚假需要通过社会对个人产生特殊影响并附加到个体身上：这种需求使得劳苦、侵略性、困境及非正义永恒存在。这种需求使得农民认为节衣缩食、吃苦磨炼是理所应当的。而这种理所应当在于塑造出一种消费需求，即为了实现某种消费，实现消费中所获得的享受，实现消费后能够与现代社会所建构出来的标准相一致，在实现消费中所需要付出的代价可以忽略不计，这就是消费社会对人所造成的异化，对需求所造成的异化。在弗洛姆看来，这是"认为刺激起来的幻想满足，是一种与我们真实自我相异化的虚幻活动"。在异化的消费下，我们需要这样宽大的房子和我们要有这样宽大的房子是真假需求的两种具体解说。改革开放后，土地包产到户，相应的宅基地也得到了划分，三四户住在一个大院的情况已不多见，每户都可以申请到自己的宅基地，在宅基地上建自己想要的房子。新房、大房不再是有身份人的特权，每个农民都有权利来建自己预期中的房屋。土地政策的调整使得建房的阶级色彩减弱，成为一种经济行为。在商品化进程中，这种经济行为使得房屋的居住逻辑和建造逻辑处于退而求其次的地位，消费逻辑和审美逻辑开始高调介入其中并逐渐占据了主导的位置（稻子，2010）。商品化的过程本身是一种带有强制性的过程，马克思将其称为"经济力量的无声强制"，即人们无法在商品关系与其强加的原则之外进行再生产。房子的商品化，使得房屋不仅具有社会属性，即房子是避风挡雨的港湾，是生产、养育的单元，同时也具有市场属性，房屋成为一种与市场进行交换的商品，受到市场力量的影响，并且农民难以在市场控制下决定房屋的成本，农民不得不出卖劳动力来获得与市场的交换，以此来获得房屋。弗洛姆指出，富人经常占有他们根本无法使用的东西，他们的消费大多是为了炫耀和满足自己的虚荣心。普通人被商品广告牵着鼻子走，根本不考虑自身的口味和需求（向益红，2006）。在农村，家电下乡、太阳能、装修队等各种与新房相关的广告在墙边随处可见，在建房之后一系列新的消费需求又随之产生，建房已经异化为沉重的壳。可以说庇护人类生存万年的房屋，诞生时所具备的历史使命逐渐消失殆尽，剩下的只是异化的躯壳。消费异化的房屋建造，逐渐遵循现代社会中的消费逻辑，农民房屋内发生的村民之间的互动交往也不断减少。

在公平观念的影响下，农村中的个体认为自己可以和其他人一样享受相同的住房待遇。在改革开放后形成的建房热，裹挟在农民建房的"形势"和"潮流"下，好的楼房不再是有身份人的特权，每一个普通村民都能够住到崭新、明亮、干净的楼房中。对于农民来说，乡村意义上的平等追求在于维持自身存在的居住条件，他们有权同其他人居住在相似的房子中。即通过这样的"经济平等"，在某种程度上来实现民主，或者说弥补在其他方面的失衡，如在消费公共空间中来弥补其他空间如政治参与、社会福利方面的不平等。

房屋的大既带来了美，也带来了紧缩的家庭支出。45岁的广姓妇女在2012年建了一座两层楼房，花费了十七八万元，到现在还有将近十万元的外债没有还清。她的大儿子今年17岁，初中毕业后就外出打工，她还有一个5岁的小女儿在村小学上一年级。此外，78岁的婆婆跟着他们一起生活，每个月有将近千元的药费。而家庭的唯一经济来源于她丈夫在工地上开铲车的收入。为了增加收入，她丈夫在不忙的时候也会到山上去采草药。很难想象在干净、明亮、宽敞的房屋下掩盖着如此艰难的生活。她说，之所以要把房子建起来，是想过两年给儿子结婚用，现在物价涨得快，以后建楼房肯定会更贵，而且"这两年大家都在建房，不建房说不过去"。在更大、更美的建房逻辑下，建房的成本在迅速提高，加之市场化程度加深带来投入成本的提高。建房是农民在审美逻辑和消费逻辑之外的理性决策的结果，而非绝对的"非理性"攀比。

3.4　小结

消费成功地激发了沉睡的市场，造成农民日常生活逐渐卷入市场的潮流中，并逐渐成为市场的一部分。列斐伏尔（2008）在论述这样的真相时提出，在现代社会初期，日常生活还是一个被忽略、被放任自流的边缘化领域，而在发达资本主义社会，现代日常生活被纳入生产与消费的总体环节中，现代社会成了一个"受控消费的官僚社会"，而不是一个可以供人们自由选择的休闲社会、丰裕社会（亨利·列斐伏尔，1971）。消费社会产生了福利国家的逻辑，传统社会所关注的民主、公平、责任，被物化的社会标准取代。消费物的标准和能力成为衡量个体幸福程度的表现，物的工具性价值超出了它本身所具有的物质性价值。"福利国家和消费社会里所有的政治游戏，就在于通过增加财富的总量，从量上达到自动平等和最终平衡的水平，即所有人的福利的一般水平，以此来消除他们之间的矛盾。"（尚·布希亚，2006）消费社会的逻辑在某种程度上成就了福利国家的存在。福利国家提供满足人们生活需要的商品，并在量上达到一种平衡，这在西方社会体现得尤为明显。而在我国更明显地表现为追求物质上的平等远大于其他方面的平等，国家也依赖于物质来平衡农民在其他方面的平等。农民常说现在农村跟城市差不多了，除了还是旱厕之外，吃、住都差不多。然而，在受教育、就业、参与、养老、医疗等方面，农民所享受的福利政策还远远不够。消费的存在，使得农民在消费中获得一种经济公平感，进而弥补其在其他方面的失衡感。在消费空间中，商品、广告、商铺充斥于农民的眼睛，在狭窄的购物空间内，农民只能一直向前走，向有商品存在的方向张望，而难以对行人有更多的张望。同时，购物渠道、购物地点的增多，使得农民可以到不同村的集市、不同的流动摊位来选择自己所要购买的物品，市场共同体超出了村落范围，集市、商店、仪式活动为农民提供的互动空间日渐缩小，当经济嵌入社会之后，人际互动的逻辑屈服于市场逻辑了（王铭铭，2004）。

4 农村政治公共空间的转型

　　西方学者在对公共空间的讨论中提出，公共空间是国家与社会之间的第三域，能够让个体在这个"公共舞台"上自由、民主地发表个人意见，使这个领域成为"公共论坛"。汉学家们多对中国晚清的社会运动和市民社会空间的成长进行研究。魏斐德认为，中国存在特殊的历史背景，不应该将哈贝马斯的"公共领域"概念运用到中国现状中，而黄宗智针对中国的特殊情况提出了第三域的概念，即在国家和社会之间存在另一个空间概念——第三域——国家活动与社会活动相结合的地带，在此国家与社会共同发挥作用。事实上，对第三域的分析仍然没有超越国家与社会两分法的分析框架，它并非国家与社会之外的一个独立性制度因素（邵春霞和彭勃，2007）。在中国农村，亲缘、地缘形成了互动的群体，但在实践过程中难以形成强大的力量。相反，国家通过政策来引导农村公共空间的发展。在这个过程中，农民的表达空间、落实空间受到市场等方面的制约。政府的地方代理人，即村委会和村干部的追随者以多种方式对公共空间进行利用、重塑、引导。在国家渗透的过程中，农民并非麻木的听从者，他们借助政策，在政策范围内形成对具有自我利益的公共空间的保护，以多种形式了解政策的内容，并争取政策的落实，而不是争取更多的空间或争取调整空间。本章主要阐释维持政治公共空间的制度条件，以及在这种制度条件下政治公共空间内的实践活动呈现出的景象。政治公共空间是一个公开的"共同空间"。这种公开意味着，进入公共空间的内容可以同时被不同的人"听见"和"看见"，"许多人围坐在中间的桌子，它同时将人联系起来和分离开来"（汉娜·阿伦特，1999）。在农村公共空间内，因为不同的信息内容，产生不同的利益，将不同的人组织起来，进而在公共空间的舞台前展现出一种景观，在公共空间的幕后又展现出另一种逻辑。

4.1 农民参与政治的实践空间与制度空间不对等

改革开放后，我国由强势控权的管理模式向放权的管理模式转变。而这种转变与国家政权建设的需要紧密相关。也是在此之后，农民参与、表达的意识才得到进一步激发，进而被赋予相应的权利。因此，农民的政治空间不是自然争取或农村社会成长的结果，而是国家政权建设的结果。在政治公共空间中，其参与、表达又受到现实条件的限制。当前，农民参与政治和表达政治需求只有两种渠道：一种是直接参与选举，另一种是表达自己主观意愿。国家法律对这两方面都有明确规定。

4.1.1 选举的幕前与幕后

1982 年我国修订的《宪法》中第一百一十一条提出了"村民委员会是基层群众自治性组织"，但并没有给予村民决定的权利。1987 年全国人大常委会通过了《中华人民共和国村民委员会组织法（试行）》，对村民委员会的职责、机构设置、选举方式做了明确规定。然而，这些法律规定在 20 世纪 80 年代并没有在 A 村落到实处。改革开放初期，A 村的主要选举方式依旧是由上级即乡政府来决定村支书和主任人选。其他成员，包括副支书、副主任、会计，以及党支部、村委会、民事调解委员会、青年团等都由村支书和主任自行决定。每一届任期为一年，在 1982—1993 这段时间乡政府指定了 7 个村支书、6 个村主任。其中，主要有两种类型的人：一种是"乡土精英"。这部分人在村中拥有较高的威望，在生产队时期曾经担任生产队长。另一种是"年轻能人"。这部分人有一技之长，头脑灵活，能够带领村民致富。A 村在 1993 年才开始实行村民选举。在实行村民选举之后，以前当过村干部的人都没有连任，村支书在 1993 年选举之后，到 2014 年已经是第四届（每三年一届），连任四届。村主任连任三届后，在第四届后换成了拥有工程队经验的建筑商。1998 年，全国人大常委会对《中华人民共和国组织法》进行了修订，并开始正式实施。其中，对村委会的具体责任做了明确规定，并强调"民主选举、民主决策、民主管理、民主监督"的概念，进一步重申了村民所享有的权利。在 A 村村委会办公室挂着一个宣传板，宣传板上写着《中华人民共和国组织法》所规定的"四个民主"：一是农民选举自主、罢免村干部自主，二是参与决策，三是参与日常事务，四是村务公开。与村民选举相关制度的完善为农民参与选举提供了良好的平台，农民的积极性得到提高。虽然制度的完善保障了农民的选举权，然而在制度、形式之外的软环境中，村民选举在当前的选举过程中，选举功利化趋势较为明显，民主票成为关系票、家族票、利益票（陈建国，2010）。

4.1.1.1 选举的规范化和内容人为化

1993 年 A 村开始进行自主选举，从 1993 年至今，选举的形式愈加严格、规范。最初选举在村委会进行，村委会有三间屋，在最中间的屋里摆着长桌子和投票箱。而且还会有村干部代写选票的情况。有个村民说："遇到年龄较大、不会写字的村民，村干部会问，'你知道选谁吗？'如果说不知道，那就成了'我帮你写吧'；如果会写字，村干部会说'投××吧'，而且人们也不是太在乎这个，不会写字的村民就按照村干部说的写了。"现今，选举制度的实施日渐规范化，除了投票人之外其他人再难以触碰选票。自 2010 年后，村主任的选举在村广场上举行，写选票也进入一个相对封闭的房间。投票的村民在领取选票之后，以一个家庭为单位进入房间填写选票，然后拿着选票出来投票。

在选举制度日臻完善的同时，选举的内容也在发生着变化。A 村的选举有两场：一场是农历腊月初一的村支书选举，另一场是农历正月十六的村主任选举。前者由 A 村的 64 个党员参与选举，后者由 A 村年满 18 岁以上的村民选举。村民真正参与的也是后一场。在村内，对公共事务具有决定权的人是村支书。

在 1989 年担任过两届村支书、现为副村支书的王×功说："那时当村干部，真不好意思说你选我、投我一票吧。而是说'别投我，我干不了这个'。"但是随后，选举前的"走动"已经成为较为公开的秘密，并且在 2012 年的选举中呈现出明显的货币化。在 2012 年的 A 村村主任选举中，与宋×生竞争村主任的宋×奎是一个工程队负责人，在 1992 年外出打工后跟随工友一起在各地承包工程。在村民看来，他之所以竞选村干部在于该村在 2010 年后将修高速公路，如需承包工程需要村干部的支持。上一任村主任宋×生，连任了三届（九年），个人能力较强，群众基础较好。但在矿厂和高速公路事件之后，因为利益关系得罪了不少人。加上宋×奎的"走动"，宋×生没有再连任。

在封建社会，政权与儒家思想相结合，以传统文化的方式实现国家权威、职能的合法化。"家长制封建国家也严重依赖象征性代表来维持乡村秩序。反过来，它又使国家和地方利益融为一体成为可能"（杜赞奇，1994）。在现代国家中，以工业文明为代表的现代意识强烈冲击着乡村社会的传统文化。工业文明所带来的国家意识，企图同传统的文化和价值体系一刀两断，在原有的文化网络之外迅速建立起一套政治体系，但这只是国家统治者的一厢情愿（彭勃，2002）。事实上，现代国家权力并非在国家与社会之间的空间内瓦解掉，反而是国家由一种无处不在的汲取到现在无时无刻不在场，使得国家权力在农村中得到了全面渗透，这种渗透表现在村民自治的"官僚化"。在国家政权和村民自治之间形成了"他集团"，杜赞奇（1994）将之称为国家经纪体制，通过地方和村庄里的显要人物来控制农村，这些人依靠宗族力量来获得村民的支持。而国家制度和编制的认可，确定了村干部的权力和职能，使得"他集团"日渐脱离于村民集体，成为国家政权的代表，与村民表现为一种上下级关系。伴随着村民委员会这一村民自治组织逐渐上升至一种实体性的权力组织，村委会选举成为农村居民参与政治生活、表达政治利益的重要途径（乐章和涂丽，2015）。然而，在现代工业文明中的经济力量下，"他集团"的代表作用和领导形象得到了前所未有的强化。村民自治则在"他集团"的控制下，成为国家在地方发展民主的符号，村民没有实现真正的自治，反而在发展中丧失了公共舆论的威信力。

4.1.1.2 选举中的无形界限与明确门槛

费孝通（2009）将农村中的乡绅治理和国家治理的联合称为双轨制，以论述在乡村中两个权力主体的合作。新中国成立后，共产主义的分配方式使得农民获得了参与治理的平等机会。改革开放后，分化的社会阶级使得权力又重新向乡村精英集团靠拢，形成普通村民的"虚设自主"。这种虚设自主与农村中的社会阶层相关，也与个人的评判标准相关。经济学对个人地位的划分通常采用一系列既定的指标，比如不平等指数、库兹涅茨比率、五等分法等。社会学对个人地位的划分以社会属性为标准，比如以人们的收入水平、受教育程度、职业划分、社会性别等综合性因素作为考核标准。而这些潜在的认同标准则成为潜在的影响村民参与选举的因素。

在人民公社时期，农民的社会身份标志——人民公社社员，彼此之间除了生理、心理上的差异性外，社会性差异微乎其微（许欣欣，2000）。家庭联产承包责任制的实施，打破了农村社会中的同质性，农民的职业身份日渐多样化，并由此而带来了个体影响力之间的较大差异。村中的宋×栋当过生产队的会计，后来外出打工。20世纪90年代初，他回到村庄开始卖煤，并因此而发家，成为村中为数不多拥有小汽车的人。同时，因为他能写会算，在红白喜事中开始当主事人。宋×栋的大哥——宋×良70多岁，曾经是村小学的老师，虽然有一定的学识，但年龄较大。宋×栋的二哥——宋×升68岁，一直在农村种地，大儿子在铁路局上班，小儿子在石家庄做生意。虽然其儿子有正式工作，然而其自身在村中的地位并不高。宋×栋的三哥——宋×才，常年在外打工。在宋氏大家族中，宋×栋虽然在四个兄弟中最小，但在家族中具有一定的话语权。一方面，源于其自身的经济地位；另一方面，因为宋×栋有当村干部的经历，也成为村中的活跃人物。宋×栋一直想担任村干部，因此选票成为其重新获得村干部的"资源"。在2012年的村主任选举中，宋×良说："自己年龄大了，选谁对自己的影响不大，而且也无法影响其他人的选择。"宋×升因为常年在村里，对村里的情况比较了解，但他对竞选村主任失去了兴趣。宋×才因为常年在外打工，对村中的情况不了解。年龄、不信任、外出等主观和客观因素的存在，使得一个家族中不同的个体享有不同的选举权。积极的、半精英化的个体成为选举中的主要参与者，处于边缘的、普通的村民则成为潜在的弃权者。

村庄中的弃权并不是完全主观的。在实践空间中，村民参与条件限制构建了无形门槛，使得村民不得不放弃参与政治空间的权利。当选举成为公平、自主的活动时，选举也就表现出了个体特征，在农村中也就表现为村民在村中的威望和个人的社会资本。改革开放前，学识、受教育程度决定了村民在村中的威望，个人的社会资本也建立在个人的威望之上；改革开放后，村民的威望由建立在宗族、血缘之上的认同转变为政治、经济之上的个人能力认同。一位村民说，"人家为什么听你的，你没权，也没挣到钱"。"无钱无权"成为衡量个人威望的标准。当这样的一种认知进入村民选举和村庄自治中时，相对不具有威望和缺乏社会资本的村民在选举中形成了"弱表达"，以至于他们难以获得较高的自我存在感和村民选举中的参与感。

社会的流动性使得农民在"民主选举"中，以自身需求为出发点，谋求生存需要。有一位外出打工的人说，"常年不在家，也说不上话，都是大哥在管这事，他得在村里长待。"在 A 村，只要年满 18 岁就可以参加竞选村主任，而村主任的选举通常是在农历正月十六举行，对于外出打工的人来说也能够参加。这样的"参加"，他们只是按照兄弟的意愿来填写候选人，打工的人并不是对选举不关心，而是因为要外出打工，他们就更希望留在村里的家人能够过得好。因此，他们将自己的选举权让渡给他人，以期获得兄弟团结和扩大家庭成员对核心家庭成员的照料。在农村城镇化、农业工业化的背景下，农民不断地被推入城市打工，而无法满足城市建设和工业发展需要的老人、妇女、儿童则被排除在城市之外，成为留守人口。他们在农村生活，更需要社区的关怀，而外出打工的人考虑到这一点才会对政治有更多的关注，这种关注与其说是关心村庄发展，不如说是在流动的背景下求得生存的表现。

4.1.2 上访的现实逻辑与事实逻辑

"信访"这一概念是在新中国成立后才有的说法，是"来信来访"的简称。1951 年，政务院发布了《关于处理人民来信和接见人民工作的决定》，1971 年，《红旗》杂志第 1 期发表了《必须重视人民来信来访》一文，其中公开使用了"信访"一词。1980 年 8 月 4 日，中共中央办公厅、全国人大常委会办公厅、国务院办公厅联合印发了《关于中央各部门分工接待群众来访的暂行办法》。1995 年 10 月 28 日，国务院对《信访条例》进行修订，并于 2005 年 1 月 10 日颁布了新的《信访条例》。

农民公开维权抗争的研究框架主要有"依法抗争"和"以法抗争"。李连江和欧博文（1997）在《当代中国农民的依法抗争》一书中提出"依法抗争"，即"以政策为依据的维权"，是农民积极运用国家法律和中央政策维护其政治权利和经济利益不受地方政府与地方官员侵害的政治活动，它在内容上基本属于"政治参与"，但在形式上则明显地兼有"抵抗"和"参与"的特点。于建嵘（2003，2004）认为，现今中国农村特别是社会冲突较激烈的中部地区，农民在信访维权的方式和内容的许多方面都已超越"依法抗争"所界定的框架，表现出一些非常重要的新特征。他将这些具有新的形式和内容的农民维权活动称为农民的"以法抗争"。"以法抗争"与"依法抗争"的差别在于："法"，仍然泛指国家法律和中央政策。但"以法"是直接意义上的以法律为抗争武器，"依法"是间接意义上的以法律为抗争依据。"以法抗争"是抗争者以直接挑战抗争对象为主、诉诸法律为辅；"依法抗争"则是抗争者以诉诸法律为主、直接挑战抗争对象为辅甚至避免直接挑战抗争对象。在"以法抗争"中，抗争者更多地以自身为实现抗争目标的主体；在"依法抗争"中，抗争者更多地以立法者为实现抗争目标的主体。应星（2011）认为，农民最初上访、反抗源于自身利益受到损害，而在政府和结构的压力下，侵害了他们的人身安全和人格尊严，他们不得不为反抗对他们的整治而抗争，不得不为自己的生存和尊严而抗争。这样一来，焦点就从物质利益的冲突转向了人格的冲突与情绪的对抗，抗争由此获得了持续的、坚决的动力，而抗争持续进行的另一个关键因素在于草根行动者的出场。田先红认为，在现代化进程中的农民，受物质主义、金钱观念的影响，逐渐开始争取自身在各种活动中的"甜头"（田先红，2010）。在上访过程中，农民从利益维护转变为利益争取。在上访维权的过程中，群体行为逐渐变成个体行为，农民发声逐渐变为权贵发声，在上访的行动中，维权的话语发生了潜在变化。

A村的农民上访在20世纪90年代初出现。这一上访事件的出现虽然与上访制度有一定关系，但更与农民当时所处的实际情况相关。A村第一次农民上访发生在1993年的三生产队。新中国成立前，A村有一半的村民生活在沟里，即两座山之间的交叉处，另有一半村民生活在平原。改革开放后，村民陆陆续续从山上搬了下来，多居住在省道两侧。如今，三、四生产队依旧住在山上，一、二、五、六生产队住在公路两侧。20世纪80年代初，从村里修了一条上山到三、四生产队的路，当时路有两米宽，修路占了一个石姓村民大概3米长、1米宽的耕地，生产队在与这条路相近的地方给予石姓村民补偿。20世纪90年代初，生产队对这条上山的公路进行了调整，不再占用石姓村民的耕地，遂要求将赔偿他的耕地归还。石姓村民按要求归还了耕地，他自己原有的耕地却被另一个王姓村民占有。王姓村民是当时村支书的小舅子，石姓村民只是普通的农民。石姓村民不断地向村支书反映这件事情，然而问题迟迟没有得到解决。王姓村民的母亲，也就是村支书的姐姐认为石姓村民在找自己儿子的麻烦，于是带着农具去石家，将其打了一顿。石姓村民气不过就找到了乡政府。这也是村里第一次有人到乡里去告官。在去找乡政府两次之后，乡政府给予了明确的答复。最终王姓村民将耕地归还了石姓村民。村中的第一次上访，虽然涉及的上访人只有一个，在村中没有产生太大的影响，但是却揭开了上访的神秘面纱，也将与上访相关的制度和农民上访权利带入农村公共空间中。

2012年，A村发生了比较大规模的上访活动。2010年从山东荣成到内蒙古乌海的高速公路将从A村的南山穿过。修此条高速公路大约要占A村50亩的土地，赔款80万元。二、六生产队村民认为这块地归他们两个生产队所有，而村委会则声称这块土地归生产大队所有，并说要在一、二、五、六生产队中发放赔偿款（三、四生产队在山上，一、二、五、六生产队在平原上）。二、六生产队坚持认为这块地是属于自己的，赔偿款应为两个生产队所有，并因此而有了二、六生产队的上访。80多岁的赵老太太说："以前人民公社的时候，我们两个生产队分到了这片地，公社跟我们说要种树。我们生产队里一个老头就扎了个帐篷在这里守了五六年。他们那两个生产队根本就没派人守，树刚长出一点就被人们撅了当柴烧了。这块地是不是我们的是有说法的"。而村支书则说"他们拿不出具体的证明来"，坚决声称这块地是村集体所有的。为此，二、六生产队的村民从乡政府上访到省政府。二、六生产队中有两个人担任过村干部：梁×明和杨×振。但是，这两个人一直未直接参加上访，而是以身体欠佳为由留在村里跟乡政府交涉。上访的村民到保定市政府和河北省政府反映这件事情，由这两个人来决定是留下来还是继续上访。在第二次去省政府上访之后，带领上访的人接到梁×明的电话，说已经和县政府谈好了，告诉他们可以回来了。事后，从上访行动和上访逻辑上来看，普通村民在上访中一直占据主角的地位。集体发声成为个体发声的代言。梁×明是现任村主任成功任职的"功臣"，他也是这次上访的主要策划人和领导者，而上访事件也源于村支书在任期间所发生的事情，因此他也希望借这次机会使村主任获得二、六生产队的支持。村主任曾跟村民们说"有什么情况就向乡政府反映"。村主任的态度确实为村民上访提供了动力。

上访是村民表达个人意愿最直接的方式，学者们习惯从上访的方式和逻辑中来推理农民上访的动力和影响上访的因素。在上访过程中，利益群体的多元化，使得在"志同道合"的上访队伍中出现了不同的声音。强势者或者谋略者成为上访群体的主要代言者，而随从者则成为参与者，难以成为主要发声人，上访也由自主的群体活动变为个体盲目从众的群体活动。

《信访条例》中规定，上访是公民、法人或者其他组织采用书信、电子邮件、传真、电话、走访等形式，向县级以上人民政府工作部门反映情况，提出建议、意见或者投诉请求，依法由有关行政机关处理的活动。上访是农民的权利，也是农民表达意愿的一种途径。但这样的权利也会受到限制。一位60多岁的女性村民说曾经因为占地上访的事情徒步行走过20多千米。在她们到保定市上访之后，她们面临的不仅是交通问题，还有住宿问题。她说，当时去住宿，店主不让她们住，因为她们是来上访的。她便急忙改口说是来打工的，好说歹说店主才让她们住下来了。对于较少接触文字、缺少便捷交通条件、居住相对偏远的村民来说，由于对相关信息了解有限，在上访过程中处于被动和混乱的状态，使得上访以维护自身权益的初衷发生转变，容易由权益的表达转变为出气闹事行为。

4.2 农民对村庄政治的无暇关心和关心受挫

当前，学术界对农民关于政治的态度有两种观点：第一种是农民对政治冷漠，在态度上对政治活动的冷淡和对政治问题的漠视；在政治行为上，疏远和逃避政治参与。农民以一种"凑热闹"的心态来看待政治。第二种是人作为天生的政治动物，不但要有公民权，还要有参与政治的公共空间（郭为桂，2006）。虽然普通农民一方面对公共权力和公共参与表现出冷漠，但另一方面又有扩大参与的渴望（吴毅，1998）。不少学者认为，农村处于政治末梢，缺乏相应的训练（李小平和卢福营，2002），游离于村庄公共权力之外。尤其是在传统因素的作用下，比如传统的亲情观、中庸观以及公共精神的缺失等国民特性的作用使得农民缺乏对民主选举的认同感（周颖，2010）。随着村民自治的实施，他们表现得愈加关心政治。对政治的关心，一方面，与经济因素相关。农民联系自身利益决定自己的态度与取向，也就是说为了保护、满足和表达自己的利益，农民必然要更多地参与到政治中（戴慕珍，1996）。另一方面，与非经济因素相关。参加选举的农民并不认为选举投票对他们的自身利益很重要，他们寻求的是"办事公道"（于建嵘，2001）。欧博文和李连江的研究发现，转型期中国农民的选举参与、依法抗争等政治参与活动，正在把老实巴交的"顺民"、爱顶撞权威的"刁民"塑造成民主社会所需要的公民（凯文·欧博文、李连江，1996）。改革开放40多年来，随着家庭联产承包责任制、分税制、市场经济体制等制度的调整和实施，农村不再是一个封闭的共同体，其在国家政策的调整下处于多变的社会环境中，农民也越来越多地卷入政治空间中，其中既有被动的因素也有主动的因素。在对政治的关注、参与中，农民不断地表达愿望，但也依旧通过这样三年一次的选举、上访等形式表达出自己的诉求。

改革开放前，中国农村是一个具有均质性的社会，村中存在两种类型的人：生产队长和社员。而这两种人无论身份、学历都必须按照工分来决定分配。改革开放前的A村，按照成年男性10个工分、成年女性7个工分，年龄未满18周岁的村民4~5个工分来划分。到年底农民凭工分到生产队领取一年的口粮，而一些成年男性也有机会到别的地方做义务工，这也是按照10个工分来计算的。无论是在本生产队，还是在外地做义务工，村民们的分配标准都是相似的，因此其在经济地位上的差别较小。一位50周岁的妇女说："那个时候人们什么都不想，一切听队长的安排。"标准化的劳作方式和分配方式，使得村民难以产生对政治的较大关心。改革开放后，人民公社制的取消，解开了对农民生产和生活的束缚，打破了统一分配的形式，农民按照个人劳动来获得收入。而这种制度上对分配形式的调整，以及实践过程中农民经济收入的变化，使得农民逐渐意识到个人利益的存在，这种个人利益表现为对村中分配事物的关心。20世纪80年代，国家表现为一种汲取型政权①（周飞舟，2006），通过农业税、农业特产税、三提五统来获得行政费用支出和再分配的资金来源。村民承受较沉重的税费负担，养家糊口是当时村民们的主要负担。村民说这三项税费加起来最多的时候达到了130元，对家庭造成了很重的负担。60周岁的前村主任宋×生1982年便到内蒙古打工，直到1990年才回到村中定居，1993年

---

① 汲取型意在说明政府财政困难，主要依赖于农民税费。

他在竞选中赢得村主任职位，并由此担任了三届村主任。宋×栋家中有兄弟五个，自己也刚成家不久，他说当时出去打工主要是为养家糊口。1986年他已经有了一儿一女。为了养育子女，他选择继续外出务工。他说那时候不会太多关心村干部的任命，一方面，村干部的任命是由上级说了算，而且那个时候村干部"都还挺好的"；另一方面，村干部工资比较低。

1993年，A村开始实施村民自治，三年为一届。可以说《中华人民共和国村民自治法》（以下简称《村民自治法》）的实施，让村民意识到手中的权利，自己能够自主决定选择谁作为村庄的代表人。有个村民说："选举之后才知道自己也是有权利的，自己也能选村干部了。"《村民自治法》的实施，从法律层面上确立了农民的自治权和选举权，而村民也从一种"围观群体"转变为"参与群体"，农民的权利意识尤其是选举意识得到了前所未有的增强。村庄内从政环境的变化也让农民开始关心政治。

20世纪90年代，国家实施分税制，由于预算外资金处于完全分权的状态，中央对于地方政府的预算外资金几乎没有控制能力，这也导致了地方政府对兴办集体企业和圈地占地的热情（戴慕珍，1992）。20世纪90年代，A村修的公路升级为省道，村中发现了蛭石，并来了第一批国际友人——日本人来到村里考察蛭石的分布和质量。公路的便捷和矿石的发现，让A村迎来了发展的首个春天。从20世纪末到今天，村里共有14个矿厂。矿厂占地的赔偿款，以及在2010年荣乌高速占地的赔偿款带来了村民对选举的关注。1993年，村里第一次进行了选举，宋×生被选为新的村主任。宋×生算是村中文化程度较高的人，他说自己当时差两分没有考上大学。由于他是村中较早出去打工的人，加之文化水平相对较高，因此在村中威望比较高。前任村主任梁×明在任时间有五年。他在任期间，把50亩属于生产大队的土地全部承包出去，而承包费却没有分给村民，这在村中引发了民愤。梁×明运用手中的权力经常占用公家用地。他曾经将一块是村里的公用土地留给了自己的女儿。村民说，"我们对他也没办法"。在厂子占地赔偿中，梁×明将自己和儿子的名字加入赔偿名单中，而事实上并没有占用他们的耕地，并且扣留了一部分村民的赔偿款。梁×明的种种行为让村民对他的不满日益加深。加之，与梁×明竞选村主任的宋×生，有较高的学历和较为丰富的阅历，使得村民对宋×生更具有倾向性，认为他才是有能力带领大家致富的人。宋×生在上任不久，就把梁××扣留的占地赔偿款分给了村民，让村民更加意识到村干部拥有的权力对个人福利的影响。因此，村民对政治的关心逐渐增多。在宏观背景下，国家对农村的管理形特征由汲取型向悬浮型转变，国家变为直接的福利提供者，造成微观环境中村干部的权力发生了变化。村干部由原来国家意志的执行者变为在国家权力的赋权和农民民意的授权下国家资源的配置者。由于村干部对个人的收益产生了影响，于是农民开始关心村干部选举。

然而，随着村干部权力的增大，村民自治的力量越来越弱。村委会与村民之间授权与被授权的关系转变为管理者与被管理者的关系，村民有时候并没有真正的话语权（熊小青和朱昌彻，2006）。并且当村民利益受到侵害时，作为村民的家长——村委会维护村民的利益也很困难。当农民自己选举上来的村委会并不服务于自己，反而需要农民以各种形式来迎合村干部的需求时，农民对政治的兴趣不在于参与，而在于自己的利益不受损。而当自己的利益也难以保证时，农民的参与热情就变为对参与的失望，再变为维护自己利益的有选择性参加。事实上，生活在有机团结的共同体中的村民对政治、选举并非不感兴趣，而是当他们的关心无法影响村庄政治、实践的走向时，这种关心就换成了有选择地参加或不参加政治活动。

4.3　影响实践空间的因素

从具体形态上来说，村民自治是国家建构的结果，与上级相似的机构设置，成为乡级的派出单位。从一定意义上讲，"乡政村治"模式是国家为适应家庭联产承包责任制下乡村社会的生存理性而设计的（柳云飞，2005）。在家庭联产承包责任制实施后，国家权力在农村社会收缩，而乡村社会意志也没有完全发挥出来，这时需要一个既符合国家意志又符合乡村社会意志的组织，而村委会是国家公共权力与乡村社会自主性权力良性互动的主要途径。《中华人民共和国村民组织法》第二十五条规定："村民委员会根据需要设人民调解、治安保卫、公共卫生等委员会。村民委员会成员可以兼任下属委员会的成员。人口少的村的村民委员会可以不设下属委员会，由村民委员会成员分工负责人民调解、治安保卫、公共卫生等工作。"A村，在村委会下设有民事调解委员会、妇联、民兵连、青年团等。村民自治机构与乡镇政府有着相似的机构设置，乡镇政府是国家权力的最末端，村委会是村民自治的代表，虽然两者都是国家权力建设的结果，但村民自治的权力要远远小于乡镇政府的权力。

从权力的运用上来说，上下级政府的"商议"，形成自治监督的空白。"上传下达，令行禁止"一直都是政策制度者和普通民众所期望的理想状态。然而，在政策落实过程中，制度之外的人为因素成为权力运用过程中的影响力量，形成"上有政策，下有对策"的应付局面。这种应付局面在某些情况下因为利益关系而演变为上下级的"商议"。这里的"商议"并非试图强调村委会在应对上级任务时所表现出的灵活性和适应性，而意在说明村民自治过程中的监督力量一方面来自民间普通村民，另一方面来自上级的乡镇政府。非正式的村民对权力运用的监督力量要远远弱于官方的监督力量，而这种正式的监督力量却会消解在非正式的上下级合作方式中。村民对村干部的状告、村干部的不作为等危机在乡镇政府的"考核""检查""与领导请示"下慢慢化解。在城镇化推进过程中，农民的土地不断被卷入发展的道路中，现今围绕土地的人权也成为农民的核心问题之一，而村民自治权的难以实现往往是所选举出来的村干部并不维护农民土地所有权，反而站在了农民与外在力量之间，而形成第三方力量。乡镇政府对于村委会的不作为（不为民做主）和作为（权力滥用）往往也难以有真正的监督力量。

在资本主义社会，拥有财产是进入公共空间的前提（汉娜·阿伦特，2009）。在发展的社会中，当发展成为霸权、判断和衡量事物的标准时，单一、数字化的发展就成为一把标尺。发展的标尺在衡量个人时，经济状况便成为主要的考核对象。在农村，对一个人的认可也以由经济状况来决定，即一个人的政治地位由其经济地位决定。"如果他有钱，说明他能力强；如果他自己连钱都挣不到，说明他能力差"，一个村民如是说。经济地位决定了一个人话语权的分量，其说法分量又决定个体参与程度。对整个社会而言，农民是一个弱势群体，而在弱势群体内部也划分了不同的阶层，如党员、村干部、有钱人、有正式工作的人（如在乡小学、铁路部门上班）、普通打工者和农民。村干部垄断着村庄权力的使用，他们的行动难以受到普通村民的监督，也难以有空间让普通村民发表意见。如在职的村支书为获得党员的支持，则从熟悉的人中选取入党积极分子，普通村民则难以进入。村中经济条件相对较好的人，因为良好的职业而获得较好的社会认可。而普通村民不但是经济地位上的弱势群体，也是政治地位上的弱势群体，难以行使自己的权利。

在多种因素影响下，村民自治难以实现真正的自治。村民自治制度在制度层面和国家层面一直在被推进，村民自治作为乡村政治话语一方面被赋予巩固和加强农村基层政权的责任，另一方面承载着为中国民主形象提供范例、为政治改革提供经验的使命（马翠军，2009）。村民自治权在发展话语和基层建设的需要中反而被削弱了，在自治的授权中部分权贵垄断这种自治权，一种制度之外的力量在村民自治中发挥了作用。村民参与选举、自治的空间在片面地强调民主形式、自治制度过程中不断被压缩，在这一国家化的空间内，村民自治权成为辅佐乡村治理和民间建设的需要，缺失了个人的主动性、表达性、参与性、主体性，政治空间建设也成为国家发展话语中的一部分，因为自治凸显了民主建设，而自治中却缺少了农民的参与。

4.4 小结

卢梭在审视英国的选举制度时，提出英国人只有在投票时才是主人，一投完票就会打回原形成为奴隶。孟德斯鸠并不这样认为，他提出"在民主政治里，人民在某些方面是君主，在某些方面是臣民"。他将之具体解释为，只有民众能够做好的事情时，他就是握有最高权力的"君主"，而那些民众无法做好的事情，就应该让代表去做，而民众在代表面前成了"臣民"。农村政治空间中，什么是农民可以做好的，以及什么是可以做的，决定权并不在农民的手中，而在于自上而下的制度设定。制度上所确定的农民权利在实践中形成了村中权势群体的权力，当权利遇上权力，农民参与的权利受制于权力，所谓的参与便成了虚设，农民也只是政治公共空间的名义主人。村民代表之所以存在于政治公共空间中，其最初目标在于满足个体的参与意愿，并为个体搭建平台。然而，在实施过程中，成为简化程序、忽略个体村民参与的"形式"，反而意在简单、高效地达成共识，参与也只不过成了实现个体或某些家族、利益谋求群体实现自身目的的一种途径。在所谓的参与或互动中，"不是公民与官员之间动态的、互动的过程——信息和观点的共享……使用何种类型的公民讨论会？提供多少信息？在决策程序中公民何时参与？在公共政策决策中公民意见的重要程度如何？这些都是由官员决定的。"（福克斯·米勒，2002）

农村政治公共空间的出现与成长，在深层含义上表现为国家与社会关系的变动，国家由一种直接的、赤裸的、严厉的控制，转变为一种宽松、温和、人性化的管理方式。在国家以现代、符号化的渗透方式下，表现得更加隐蔽，但也更加深入。公共空间若想以一种独立的姿态出现在国家的对立面和社会的羽翼之下，仍有一段较长的路程要走。

5 农村社会公共空间的转型

公共服务与公共产品在概念上存在一定的区别。从学理上来说，公共服务是一个社会学概念，既包含教育、医疗、水利等方面，关系到社会公共秩序秩序的正常维持，更侧重提供者和享用者之间的关系。公共产品属于经济学的概念，意在阐释如何实现消费者的均等享用，并实现社会效益最大化，强调享用者之间的关系。公民与国家的关系是公共服务的基本依据（宋彭，2011），因此本书采用公共服务的概念。公共服务的基本内涵包含两个方面：公共物品和为人的服务。莱斯特·萨拉蒙（1995）在其《公共服务中的伙伴——现代福利国家中政府与非营利组织的关系》一书中提出公共服务的两种类型：物品服务和人类服务。在此基础上，本章将公共服务理解为基础设施建设和为人的服务，通过论述公共服务中多元力量的变化和农民在此过程中的互动形式的变化，以及日常人情互动交往的变化，由此来解释在农村社会公共空间的变迁。在人民公社时期，农村公共服务属于一种短缺资源。改革开放后，国家力量在农村公共服务领域中有所弱化，第三方力量的进入有限，农民依靠乡土的血缘关系和地缘关系、自觉自发的力量和集体活动来弥补前两者的不足。2000年后，国家对农村公共服务投入不断增加，公共服务的提供者由国家主导向全民与国家共同作用转变。在农民参与的背后是农民公共意识和公共参与的变化。

5.1 农村基础设施建设主体的发展历程

新中国成立后，国家对农村的社会管理方式由人民公社体制转向村民自治，国家管理方式的变化与农村生产、生活方式的变化相互交叉，使得农村公共服务的内容和提供者发生了变化。公共服务中的基本内容如下：基础设施和为人的服务的重要性发生了对调，基础设施在生产队时期是建设的重点，而为人的服务的比重逐渐提高。国家在公共服务中的完全撤出和部分重新进入，使农民不得不参与到公共服务的提供过程中，以弥补国家的空白。市场的多元化带来了农民的多样性需求，市场或是第三方力量在农村公共服务方面发挥有限，农民自发地加入行动的队伍。改革开放后，国家和农民在公共服务领域的交错进出，使得农民由服从性参与向自发性参与转变，拓展了农民互动的公共空间。

5.1.1 农民的服从式参与

在人民公社时期，公共服务的供给主体是集体，政府发挥了主要的动员作用，并在公共服务资源和政府财政资源匮乏的情况下，形成了集体筹资、政府动员、村民服从参与的公共服务供给方式。在基础设施方面，主要表现为以生产队为单位进行农村水利、电井、道路、粮库等基础设施的建设，即村民通过服从生产队的安排、参与基础设施建设获得工分。在为人的服务方面，受限于各级政府的财力，相应的关注较少，主要采用政府统一安排、集体参与的方式，实行小学教育、养老和医疗的"集体福利制度"（郁建兴，2011）。例如，在教育上实行群众办学与政府办学相结合的方式（湛礼珠，2021）；在医疗上推行合作医疗，"社员按照家庭人口多少，每年交纳一定数量的合作医疗费，就诊不另交费"（岳谦厚和贺蒲燕，2007）。在这一阶段基于对恢复生产、促进发展的需求，与农业生产相关的基础设施建设成为公共服务的重要内容，并在缺少相应资源的支持下表现为农民服从式参与公共服务。

5.1.2 农民的组织式参与

在人民公社解体后，全能主义的国家色彩在地方减弱，地方性传统受到关注和重视。现代性理念随着改革开放的深入和国家治理观念的传播，使得村庄的公共权威在发挥对村庄秩序的调节时，又变为具有传统和现代的特色。国家动员力量、村庄个体自主力量和外界社会的推动力量为村庄秩序的维持提供了合力。

20世纪80年代，农村开始了自己的改革开放。农村的改革表现为人民公社制的解体，取而代之的是家庭联产承包责任制的实施。由生产队组织的集体生产难以再出现，取而代之的是农民自主安排生产。这也就意味着，农民不再是强制性地参与到公共服务的生产与提供过程中。对于生产大队来说，资金来源和群众动员方式发生了改变。在资金来源上，生产队依赖于农业税和三提五统来获得工作开展的资金支持，而税收则来源于农民收入；在动员方式上，生产大队对农民强制性的、军事化动员方式已经失效，造成公共服务生产的资金动力和人员动力不足。此外，村干部改为一年一选，难以对公共事业有较大投入，公共事业难以有所发展。因此，公共服务的发展依赖于村干部与村民以及村民之间的组织协调。20世纪80年代，A村为满足通电的需求，村委会积极动员村民的力量。1986年，A村开始了通电工作，但杨乡电力所只负责电缆的接入，其他工作，比如电线、电表等基本用品的购买与安装都由村里自行负担。因此，村委会通过义务工来完成通电工作。在A村，每户成员中年满18周岁，女性在50周岁以下，男性在55周岁以下的人，在村中有集体劳动时分批来参加义务劳动。村基础设施的建设不需要农民们出钱，但在需要的时候出人力。家里人不够的，一般也不出钱，由他人来顶替。与以前义务工不同的是，20世纪80年代的义务工并非全部动员，而是分批进行，以生产队为单位。在外打工无法回家的村民，则是请家人、邻居、亲戚来帮忙出几天工。以义务工的形式，A村修建了两口水井和两条水渠。农民个体为维持生计自主安排生产和生活方式，更具有灵活性和自主性。在公共需求无法得到满足后开始寻求自我满足和自我参与的方法，比如A村通电之后的用水问题一直没有得到解决。农民只能是通过自己打水、挑水来解决人、畜用水的问题，而对于住在山上、离水井较远的村民来说其用水就非常困难。

20 世纪 90 年代，国家在公共服务领域中的角色进一步减弱。对农民来说，不但需要交纳农业税、农业特产税，还需要交纳三提五统等。三提五统的征收，加重了农民的负担，使得农民再难以义务参加农村公共服务的生产。A 村在 20 世纪 80 年代末通电之后，山上的几个村民将水引到了山上。1992 年，在矿厂建立之前，村委会动员村民每人捐 30 元钱以解决其吃水问题。义务工是修建水塔的主要形式，把挖管道的任务分给了每个生产队，四个生产队各负责一段，队里再往各户里分。20 世纪 80 年代末，A 村开始了蛭石的开采与买卖。到了 20 世纪 90 年代，在 A 村所属的山地上陆陆续续发现了铁矿石、石灰石。1994 年，村中有了第一家由"城里人"开办的矿厂。在随后的十年内，矿厂的数量达到了 14 家。矿厂的到来，不但给农民带来了就业机会，也带来了占地补偿等问题。由于对矿厂所占的集体耕地赔偿数目不明确，新村主任任职之后发现上届村主任贪污了部分补偿款，因此村委会和村民的重点转向了与矿厂相关的问题上，基础设施建设在这一阶段的进展非常缓慢。在矿厂出现之后，A 村的基础设施建设进展基本为零。对于农民来说，较大的生活压力和自身权益的受损，使得他们难以有自主参与公共服务生产的意愿。

5.1.3　农民的自主式参与

2000 年后，随着社会经济条件的改善，农村基础设施建设又重新回归到议事日程上来。2007 年，政府提出了公共服务的"一事一议"制度，根据农民自发自愿和农村的实际情况来推进基础设施建设，以及村民认为需要开展的集体生产活动等所需要的资金。然而，这项意在调动农民参与积极性的政策在 A 村并没有收到预期效果，农民对基础设施建设的关注越来越少。自农业税取消之后，农民不再需要向村缴纳集体费用，基础设施建设作为非营利性建设，即便是与农民生活息息相关，但因缺少资金或是村干部的不重视而难以推进。在这种情况下，外来力量逐渐进入村庄内部。在基础设施方面，修路、修水渠重新回到公共服务内容中来，提供主体由国家变为社会力量，生产主体由义务工转变为低酬义务工。A 村在 2004 年后被纳入北京某高校的课题项目中。在纳入该项目之后，A 村先后修建了广场、水塔，铺设了入户的水泥路，安置了分类垃圾桶等。项目所确定的资助内容，是由村委会和项目方根据 A 村的实际情况来决定的，村民并没有太多的参与权。同时，高校的老师也帮 A 村建起了阅览室、老年协会等。这些基础设施和准公共产品的建设，为农民活动搭建了物理平台，扩大了农村公共空间的范围。在各个基础设施的建设中，村委会也会争取向上级申请部分资金。上届村主任宋×生说："2005—2007 年北京某高校给了20 多万元来修一队、二队、三队和四队的村路。"为了降低成本，农村基础设施建设主要依赖农村的劳动力，这些劳动力参与到农村基础设施建设中，并获得一些较低的报酬。一位 68 岁的大叔说："2008 年，我因年龄大就没有到城里打工了，在村里修水塔，一天 30 元钱。"

在阿马蒂亚·森（1997）的视野里，社会交往中的个人行为可能会被各种各样的承诺限制，与"完全自利者"的行为相反，这些承诺会使人们暂时放弃对个人利益无休止的追逐。在基础设施建设中，行政权力的退出和社会力量的进入，为村民自发、自主关注和参与村中公共事务提供了可能。事实上，这种可能又为个体利益满足提供了机会，也是在个人利益的引发下出现了个体对公共需求的重新关注。在 2006 年农业税废除之前，A村的垃圾由村委会来处理；在 2006 年农业税废除之后，A 村的垃圾依靠"自然消解"和"人为清除"。宋×兰和宋×广比较关注村中垃圾的问题。宋×兰担任过林厂厂长和乡干部，比较热爱诗词写作，经常在村中闲逛来获得写诗的灵感。而在他寻找题材的过程中，发现村中垃圾并没有统一归置。他先跟村干部反映，随后又向乡里反映。对村中环境比较关注的另一个人是宋×广。宋×广是一个养羊专业户，他的房屋在村边上，紧邻耕地。村民也经常往紧邻耕地的小路上倒垃圾，而村中垃圾站点的垃圾往往会定期清理，直接用车将垃圾拉走并倒进河套里，等夏天发水之后冲走。宋×广说："这堆垃圾不仅让他觉得恶心，还害死过羊。"宋×广有时会将羊赶到河套边喝水，这些羊有时候也会到垃圾里去"拱食"。为了不让羊吃那些垃圾里的食物，宋×广常会点火烧一些垃圾。去年有一只羊莫名其妙地死了，他把羊解剖了发现肺部都是泡，"这只羊是被垃圾害死的"。宋×广认为，这样的垃圾处理方法不能再持续了。一只羊的意外死亡引发了他对村中垃圾的关注。村中处理垃圾只是将垃圾运到河套上燃烧一部分、冲走一部分的做法让他十分不满。与宋×兰不同的是，宋×广以前没有担任过干部，知识水平也不高。所以，宋×广并不会跟村干部反映，而是自己跟村民说不要往耕地的路边上扔垃圾了。宋×兰因为自己身份的关系，采取了和宋×广不太相同的方式，他写了一些书面材料递交给乡政府。但是，他们的呼吁和行动也并未受到村干部的重视。

2000 年之后，社会力量进入农村基础设施建设中来，对于缺乏资金的农村来说给予了较大的支持。然而，在北京某高校援助的项目结束之后，社会力量撤除 A 村，村庄的部分基础设施难以继续维持。而农民的个体意识从公共意识中脱离出来，即脱离了人民公社时期集体利益对个体利益的侵蚀和忽略，农民的公共意识逐渐由个体意识引发出来。在集体力量消失和个体力量增加之后，农民不再以单纯的体力劳动来支持农村基础设施的建设，从主观意识层面参与到公共服务的发展中来。集体权威的消解，个体自我意识的增强，使得个体容易参与到公共服务的建设中，反而集体、义务地参与公共服务建设中难以再形成。

5.2 农村人类服务发展历史

5.2.1 政治色彩下的人类服务

在人类服务方面，对农民个人的关照主要表现在对五保户的认定和医疗补助的设立。五保户除去国家所指定的正式福利之外，还享受民间的非正式福利。五保户的认定是对困难人群的物质帮助和社会关怀，尤其是在资源相对短缺的时代，国家对农民的照顾有限，对最需要的人应给予更多的照顾。同时也是在深层含义上对革命意识形态的重申和确定，在农村中强调对贫困的消除，对五保户的救济成为社会主义优越性的表现。在医疗补助方面，A 村村民每年交纳 1 元。有村民说"开始还能交上去，后来有的人去了外地打工，也就不交了，再后来连整个小队也都不交了"。A 村在村南的山上生长一些中草药，如柴胡、知母，这些成为农民日常医疗的主要来源，对国家设定的医疗保险依赖较小。到 20 世纪 70 年代末，村民基本不再交纳医疗费用。

"文化大革命"时期，农民在国家规定的空间内享受着权益或是履行公共服务的义务，公共服务领域的公共空间完全以政府为主体。农民的自主性和表达性在高度集中的管理体制下受到压制，只有义务参与的实践，缺乏自愿参与的可能。

5.2.2　虚设的人类服务

相较于基础设施建设的衰败和农民的自发、自觉参与，国家对人的服务的提供在 20 世纪 80 年代较低。合作医疗在这一阶段基本上处于停滞阶段。1980 年，全国仍有 68.8% 的村有合作医疗，1986 年该比例则下降到 5.5%（卫兴华，1994）。在 A 村，医疗补助也早已不存在。"连农业税都快交不起了，后面又出现了农业特产税，哪里还有钱交！"面对村民的反映，村委会说"村干部工资的发放都较为困难，更难以有多余的资金支持医疗补助"。除医疗之外的养老、教育依旧以家庭支付为主外，国家所设定的救灾款等在 A 村就没有人享受过。"悬浮型"的国家管理体制，使得国家难以在对人的服务方面履行福利国家的职责，家庭依旧是个体享受养老、教育的基本保障。

20 世纪 90 年代，农民的人类服务面临更多的挑战。在医疗方面，国家投入减少，1991—2000 年，政府农村医疗投入比重从 12.54% 下降到 6.59%，社会卫生投入比重从 6.73% 下降到 3.26%（李卫平 等，2003）。同时，随着市场改革的深入，教育、医疗的费用上升。同期农民个人医疗支出比重从 80.73% 上升到 90.15%。"千万别有病"也是 A 村村民对医疗费用的真实写照。村中老人说，"曾经稍微一生病，对农村家庭来说都是一个不小的负担。"对农民来说，医疗不仅仅意味着花钱，还在于意味着收入的减少，而国家在这一阶段的补贴非常有限。在教育方面，虽然国家在一些地区增加了学校的数量，但农民的教育负担依旧较为沉重。1991—2000 年，乡村居民家庭平均每人教育支出由 102.39 元上升到 247.63 元，就全球范围而言，教育的主要投资者是政府，特别是初中等教育，居民负担的比例世界平均不到 8%，而我国 2002 年个人投入已经占到全国教育总投入的 60%（艾丽娟和蔡艳红，2006）。村民说，"20 世纪 90 年代，一个上中学的学生每年的学杂费用有两三千元。"供小孩上学是家庭较大的支出。

20 世纪 80 年代，我国处于改革开放的转型期，现代的管理体制和农村服务体制尚未完全确立，而旧有的体制也并未完全废除。国家在农村公共领域中的职责有所隐退，农民对集体依旧保留着较为传统的认同观，集体的权威也依旧存在。20 世纪 90 年代，农村的发展处在一个明显的转型期，现代的、城市的、西方的文化力量和价值取向开始在农村起作用，对集体权威的崇拜在市场进入之后开始瓦解。在集体瓦解之后，国家依赖农民的税收来支付公共服务的费用。三提五统所带来的较大生活压力，使得追求经济增长和自身生活条件的改善成为农民最主要的想法。在这样的背景下，农民疲于应付生活困境，难以有精力应对改善生活条件之外的事情。在一阶段中，公共服务领域内的公共空间难以有所成长。

5.2.3　重新起步的人类服务

自 2000 年后，农村的人类服务重新回到国家关注的行列中。在 A 村，养老、教育、医疗都发生了较大变化。在 A 村，年满 60 周岁的老人都可以获得 55 元／月的养老金。这个判定门槛比较明确，涉及的金额和存在的争议比较少。在低保户和五保户方面，由于其判定标准具有一定的主观性，与养老金相比其补助资金较多，在资源相对较少的农村成为关注对象。主观判断决定了低保户与五保户评判的非客观性。2012 年，A 村的五保户和低保户有 27 人；2013 年，A 村的五保户和低保户增加到 36 人。正式的社会保障资源，作为消解其他政策和项目所带来的负面影响的工具，或演变为被争夺的竞争性经济资源，或将动态的保障制度异化为长期的养老保障，或作为维稳和社区治理的一种政策性工具等。这些变异，一方面，有悖政策初衷，使得政策目标发生偏离（刘娟，2012）；另一方面，农民的权益受到了影响，应该公平享受公共服务难以为个体所用，并异化为权势个体谋利的工具。在教育方面，2001 年我国开始进行"农村中小学布局调整"。在 A 村，小学二年级以上的学生需要到杨乡上学。在杨乡上小学只能住校，学生每十天回来一次。"撤点并校"的落脚点在于提高教学质量。除此之外，住校带来了住宿费、伙食费，或是陪读所需租房等一系列费用，"一个孩子每年的上学费用需要六七千元。" A 村在放学时间，全是放学的学生以及接学生的家长的景象再难以看到。较高的教育成本，使得农民不得不外出打工以谋求更多的经济收入。对于有孩子上初中的家长来说，如果孩子没有考上县级中学，就只能去上私立学校，私立学校的收费标准远远高于公立学校。过去，村民可以选择办学条件相对较差、经济负担较轻的乡镇中学,而现在只能选择办学条件更好、经济负担也更重的学校。公共空间内的服务种类具有单一性,即村民无法自由选择,只能在政府政策的调整或市场设定的范围进行选择自身条件可以承担的选项。

改革开放 40 多年来,国家逐渐从基础设施中抽离出来,在各地通过了"一事一议"制度和用水用电制度,其他主体参与提供空间,并且加大了对人类服务的关注力度。公共服务主体由单一提供向多元提供发展,个体由挣工分的利益参与感,到维护个体利益、主动关心集体的参与感。参与主体的变化,在一定程度上表现为福柯所表述的"权力关系",权力场域的分散性和多元性(米歇尔·福柯,1999)。农村公共品供给过程中国家与社区关系不再单纯是压制性的外在控制,也是一种复杂的生产性实践(高鉴国和高功敬,2008)。这意味着,在公共服务的生产过程中,政府与个体机械互动的关系发生了改变,成了一种有机互动,国家权力的收缩,为社会、市场、组织、个体等主体参与进来提供了空间。然而,政府、社会、市场、村委会处于公共服务权力金字塔的顶端和中部,农民则处于公共服务权力金字塔的低端,只能是默默地与低端权力直接相连的权力层,而无法改变上层的决定。

5.3 社会交往的商品化

礼是农村人际互动重要的元素,早在 2 000 千年前孔子就提出"来而不往非礼也",礼文化成为我国传统文化中的重要的一部分。这里的"礼"主要指的是礼节,要以他人对待自己的礼节来对待他人,其所表现的是人际互动中的主要内容。在传统的礼俗社会——农村中,村民之间的往来和亲疏远近在一定程度上依赖礼来表达,这样的人情互动依赖礼物的传递。在理解礼物的回赠义务时,莫斯(1954)从土著信仰中来寻找礼物与人的关系的真谛。他认为礼物具有馈赠者的灵魂,"一个人馈赠出的礼物实际上是他天性和力量的一部分,而接收某个礼物也就是接收了送礼者的一部分精神真髓。保留这种东西是危险的,不仅是因为这样做犯忌,而且是因为它在道义上、身体上以及心灵上来自某个人。"莫斯强调礼物的非工具性，礼物交换的本质是群体之间产生的责任感。马克思意在阐释物的工具性，揭示出物的交换中所蕴含的人与人之间的不平等。马琳诺夫斯基最初在关于拉美尼西亚社会交换的报告中提出了"纯粹的礼物"向"真正的交易"转变。而在后期的研究中，他又转变了这一提法，认为互惠依旧是人们馈赠的本质（阎云翔，2000）。福蒂斯（1949）认为，礼物交换不仅是维持个体之间互惠互利原则的主要机制，也具备平衡不同元素之间冲突的政治功能。到了布迪厄时期，关于礼物的情感性和工具性的争论达到了一个高峰。布迪厄（2003）认为，由于馈赠礼物存在一个时间间隔，导致馈赠行为的"策略"性和象征性支配成为可能。个人所具有的职业、学历、家庭背景等因素形成个人所拥有的资本通过礼物的交换模式转变为象征资本，即个人所拥有的特质被公众认可，并形成特有的声誉权力，进而产生现代权力运作。阎云翔在《礼物的流动》一书中，将礼物划分为表达性礼物和工具性礼物。前者是送礼者的自觉自愿的情感表达，也可以是按照风俗习惯的要求而不得不进行的情感表达。相反，工具性礼物则是为了实现某种功利性目的的手段（阎云翔，2000）。在 A 村，礼物的变化主要表现在红白喜事中具体仪式、份子形式的变化，份子由物品变为了货币，由一种人情往来变成了较大的负担，但难以形成表达性礼物和工具性礼物的绝对划分。因为在这个过程中，既有礼俗约束的"不得而为之"，也有功利性需求的"积极表现"。

在 A 村，白事通常是整个村子的事情。现在只要有人办这些事情，大喇叭一广播，全村的人都会去。"过去办事的规模并没有这么大"，一个村民如是说。改革开放 40 多年来，无论是村中办事的规模、人员的参与形式，还是人们来参加时所送的份子都发生了变化。一位 50 岁的大叔说在 20 世纪 80 年代初期，他母亲过世家里只摆了一桌来招待料理后事的人。"那时家里穷，买不起像样的棺材。其流程也很简单，第一天上午 11 时人就走完了，家里的人就要出去给人报丧，这里有个说法是没有了老人，小三辈都要给人家下跪，说老人老了（老人去世了），人家就明白什么意思。下午吊孝的人就陆陆续续地来了，拿着纸、帐子等，然后抽支烟就走了。晚上，我们兄弟俩和几个叔叔一起守灵，第二天就吹吹打打地把人送走了，我还记得那天下午我和我爹去找席子来裹我妈。"

20 世纪 80 年代，红白喜事的办事原则是从简，对于办事方和参加的人来说，白事并不是太大的负担。改革开放初期，农民的收入极为有限，难以有经济实力来支撑较大的办事规模。一位 70 岁的大叔说，1985 年他到北京怀柔建筑工地打工，每天的工资只有 3 元钱。一场白事不需要人工费，亲戚邻里都会来帮忙，自己只需要准备做饭设备和原材料以及白事所需要的各种物品。由于那时物资相对短缺，因此流行传统的"八大碗"①。村民说"一场白事节约着花费，可能两三百元钱就能办下来"。

20 世纪 90 年代，办白事的规模和投入变大。首先是吃饭的桌数增多，由一桌变为五六桌。做饭的人也换成专业的大厨，由大厨和主人家来商量购买何种原材料。来吊孝的人依旧需要办事方报丧来通知，来吊孝的人除了送帐子之外，过去的挂面由方便面代替了。一位 50 岁的妇女说，她家办白事最多的时候收到过 18 箱方便面。到了 20 世纪 90 年代末期，出现了份子钱。一位 30 多岁的妇女说，1997 年她的爷爷去世，人们开始给份子钱，应该算是第一次开始在白事中给钱，最多也就是 5 元。但关系好一些的，还是会带一些物品（帐子、方便面等）来吊孝。来吊孝的人开始留下来吃饭，但这时候限制在亲戚范围。而时间上也由过去的两天延长为三天。第一天依旧以下跪报丧的方式来通知村中的人。第二天亲戚们就会过来吃饭，传统的八大碗基本已经不再用了，而是依照家庭条件来搭配菜系，基本上是八个人一桌、十个菜。第三天就要出殡了。

2000 年之后，办白事的程序依旧有明显的传统特征，但规模扩大了，内容变得更戏剧化，人际交往的份子钱也更为商品化。笔者在 A 村调研时，遇到村主任 80 岁的父亲去世，一个长期作为丧事主管人的宋大叔讲述了当时办白事的具体流程。人去世了当天去村西庙里报庙，也就是去阎王那里报到，并要往寺庙的墙边上贴上纸。这个必须在一小时内完成，然后就回家。在回家后，就得开始准备这三天的白事了。天一亮，要一家家去报丧。在村子里有个村民在石家庄市里当局长，他父亲去世了，他还要给村民们下跪报丧。下跪不是给对方下跪，而是给老人下跪，其嘴里会说"老人老了"。收到报丧的人也就断断续续地过去烧纸了。下午就是吊丧，

---

① 八大碗：北方地区所特有的招待客人的酒席菜系，多用在年、节、庆典、迎、送、婚丧嫁娶中。

安排一下相关事项，比如谁负责联系乐队、谁负责记账、谁负责后勤等。第二天上午11时过，乐队就来了，然后就开唱了。乡亲邻里一般下午来，来了烧纸，给礼钱，最早的时候每户给5元，后来每户给10元，现在每户差不多要给100元左右，关系亲近的还送帐子。在这个阶段，流动饭店已经流行起来。流动饭店是指将饭店带到家里，由他们提供原料、桌椅、餐具等。村民烧纸、交份子钱之后，就等着流动饭店的人来，接着吃饭。乡亲们走了之后，就等着晚上来看戏。晚上，乐队的人会替儿女吊孝。谁点歌谁就给钱，觉得唱得好，再给点小费，最低是10元。比如给钱后，乐队的负责人就会大喊一声"演员卖力，去世老人的二姑爷赏钱20元，演员替二姑爷多哭"之类的报幕。演员通常是边哭边唱，这时候唱的基本是吊丧的歌曲。演员依靠痛哭流涕来获得主人家的赏钱。在村主任父亲的这场葬礼中，家里的三个儿子、两个女婿都给足面子，普通家庭一般赏钱10~20元，而在这场葬礼中每户家庭赏钱至少是20元，仅这一项支出一晚上差不多就要两三千元。

在村主任父亲的葬礼中，由于其身份特殊，除了在葬礼的表演形式上具有戏剧性之外，村民的表现也颇具戏剧性。丧事作为村中的公共事件，其影响涉及村庄中的每户。按照费孝通提出的差序格局，在丧事进行的过程中，与死者不同的家属关系会有不同的责任与礼节标准。在村主任父亲的葬礼中，村支书的嫂子在第一天葬礼中帮忙缝制孝衣，这样的事情通常是由其亲属来完成的。村支书的嫂子之所以热心帮忙，在于村支书哥俩在老人养老的问题上有比较大的间隙。在村中，和村主任关系不错的人，在葬礼上非常积极，不但给了较多的份子钱，而且在丧事中帮了三天忙。他们想通过这种做法来拉近和村主任的关系，从而形成其个人在村中的权威形象。礼金多少不是按照"交情"来定的，而是按照事情来定；礼金的标准不是按照经济条件来约定，而是按照自身立场来定的；礼金在约定成俗的公共规则下，逐渐体现出市场逻辑。

在农村白事中，人情关系逐渐淡化，商品的影子逐渐凸显。对逝者的纪念本应是亲人的本能，而现在却需要专业的"哭丧队"来体现，并且谁哭得好就给赏钱，毫无关系的表演者所表现的仪式性哭泣成为白事的高潮；吹吹唱唱的唢呐等传统白事的表演形式被专业乐队替代；村民之间互相帮助做饭、张罗被流动饭店取代；来吊孝的人只需要出钱烧纸、吃饭即可，无论亲疏远近难以有机会产生更多的互动；随礼由物资匮乏年代的白面、挂面转为货币。商品化进程将农村中简单的人情交往与外界市场相联系，人际互动成为市场众多环节中的一部分。货币流通加快、物价上涨这些因素都是礼金变化的主因，而与传统的礼仪风俗、人情往来产生了脱节。

礼钱的商品化在一定程度上强化了其工具性的特征。份子钱的数目虽然没有明文规定，但却有不成文的规定。年龄较大，没有收入来源的村民基本是在 50 元左右，而处于能够挣钱年龄段的人要给 100 元，而关系亲近在此基础上再酌情增加。村主任除了村干部的身份外，还有自己的一个工程队，在村主任父亲的丧事中，其在外面的朋友也给了份子钱，多为一两千元。而与之相好的，或是想与之相好的人也会刻意地给出比常规多一些的份子钱。这使得份子钱不再单纯是按照风俗习惯的要求而不得不进行的情感表达，不但是权力者的敛财工具，也是不同亲疏关系人表达立场、态度，以及预期投资的平台。按照风俗习惯交纳的表达性礼金在一定程度上带有工具性，而工具性礼金并不是即可兑现，或是有明确的事情需要"送大礼"，因为礼金需要在"在另一种不同的意图下实现，要求对方立即给予回报，它就会受到极大的蔑视"（莫斯，1954）。礼金回馈存在时间间隔和预期投资，通过礼金数额的变动来表明自己的态度，这种人情关系的建立是朦胧、暧昧的，并没有明确表明出来，而且这种回报具有相对的不确定性（司马雅伦，2007）。然而，礼金无论是在理论上还是形式上，都会形成回报的强制性，如果不形成回报的话，互惠关系就会变得很被动（皮埃尔·布迪厄，1977）。"不可欠人人情"几乎是中国最重要的社会格言或教训（金耀基，1993）。为了这种交换系统的运作，行动者必须不去认识"交换的真正意义"（皮埃尔·布迪厄，1977）。即在表面上理解为简单贺礼，而在深层面上必须理解送礼金者的真实意图。礼金的商品化让全民聚会的白事成为一场利益相关者互动的舞台，人情表达成为礼金的"皇帝的新装"。

5.4 小结

公共服务所涉及的公共利益中包含自我的小利益和集体的大利益。作为公共服务，并不排斥个体的享受与个体的利益，从某种程度上说是新的公共空间。公共服务中提供和生产主体的变化，一方面，村民自治和分税制的实施调整了政府对农村基础设施和人类服务的支持形式；另一方面，农民的参与意识和主体意识的改变，促发了农民的参与性。西方学者认为，经济、社会、政治地位和受教育程度一般与主体在公共事务中的活跃程度和参与效能呈正相关关系。

公共服务中的互助互惠的减弱，体现在村中红白喜事中的人际交往中。红白喜事的举办形式由最初的"全家齐上阵"到现在的流动饭店，份子钱由送蛋、送挂面到直接的金钱，由最初的小办、少办到现在的大办、多办都表现为货币在人际交往中的作用，而这最突出的变化趋势则在于互惠由帮人来获得将来的支持，转为先获得利益再给予帮助。支出与获得在人情交往中顺序的变化，体现了村民互动原则的变化，进一步推向公共空间进入货币化、功利化。

6 农村娱乐公共空间的转型

在现代社会，传统的娱乐活动被视为不先进，是不与世界接轨、缺乏时代潮流特色的。人们在这个时代又开始缅怀曾经经历的生活习惯，在现代社会的框架中传统又重新回到这个框架之上，而传统的本质早已发生变化，它只不过是为了应付现代人怀旧情绪的商品。改革开放后，农村的管理方式由人民公社体制转向村民自治，农村的生产方式由生产队记工分转向个体自主寻找工作。在这种实体的、显像的变化之外还附带着农民精神娱乐层面的变化。这种变化与农民生产和生活方式的调整息息相关，既是一种自然而然的转变过程，也是一个政策导向的过程。

改革开放后，农村戏剧有了明显的复苏，其中包括国家对传统戏剧的态度。这种改变来源于国家政策的调整，放松了对传统文化的管制，传统的文化复苏也成为国家对农村社会进行再管理的工具。这也使得农村的文化活动有了一定存在空间，传统戏剧的再次上演成为可能。戏剧在农村的"衰落"与"复苏"，与其说是农民需求的变化，不如说是社会发展所设定的成长空间和发育土壤在发挥着举足轻重的作用。近年里，许多地区都在努力恢复这些传统的民俗活动。一方面，由于在挖掘本土历史与文化的过程中夹杂了浓厚的功利色彩，这些古老的民俗活动是地方名片，也是吸引游客和外来资源的工具（淮著，2004），这些民俗也不复拥有其原初的民间性与文化内涵，不再是真正意义上的民间习俗（傅谨，2006）。另一方面，在挖掘和恢复传统民俗的过程中，由于政府、企业、知识力量的进入，民众并不能够自主地参与农村民俗活动，使得村民容易成为民俗展演的一部分。在现代化的影响力不断深入的过程中，平面式、一体化的发展方式将本土的娱乐内容，如戏曲、高跷等传统文化娱乐活动焕发出新的生命力，即既包含了文化诉求，也包含了功利性诉求。

6.1 国家与农村娱乐文化

改革开放后，国家将工作重心转移到经济建设上来，农村娱乐活动处于暂时空白的状态。20 世纪 80 年代，乡镇文化站的功能在逐步弱化，数量逐渐减少，甚至出现空壳化。针对这一现状，有论者指出：当下农村文化建设的现状与建设社会主义新农村的总体要求相比，与满足农民多层次多样化的精神文化需求相比，还有很大差距，投入不足、设施简陋、队伍不稳、服务能力不强等问题比较突出（励小捷，2006）。20 世纪 90 年代后，随着开放的深入，西方文化的进入，国家开始重视农村娱乐活动。2000 年以后，国家加大了对农村文化的建设力度，这种建设更多地表现为现代娱乐方式向农村转移。倡导文化下乡，在具体实践方面表现为农家书屋建设、送电影下乡等，在各地具体文化下乡的政策中提出"一村一屋""一月一电影""一村一广场"；在政府方面，建立县乡一级的文化站，运用一切艺术手段，对群众进行时政方针政策、思想道德教育和优良传统教育，促进精神文明建设（任和，2016），以此引导农村文化生活朝良性、健康的方向发展，有利于农村基层社会治理和整合。

2007 年，国务院颁布了关于农村文化建设的法规，即《中共中央办公厅 国务院办公厅关于加强公共文化服务体系建设的若干意见》。2008 年 10 月召开的中国共产党第十七届三中全会通过了《中共中央关于推进农村改革发展若干重大问题的决定》，明确提出了繁荣发展农村文化的目标。主要内容包括：社会主义文化建设是社会主义新农村建设的重要内容和重要保证。坚持用社会主义先进文化占领农村阵地……推进广播电视村村通、文化信息资源共享、乡镇综合文化站和村文化室建设、农村电影放映、农家书屋建设等重点文化惠民工程，建立稳定的农村文化投入保障机制，尽快构建完备的农村公共文化服务体系。开展农民乐于参与、便于参与的文化活动，建立文化科技卫生"三下乡"长效机制，支持农民兴办演出团体和其他文化团体，引导城市文化机构到农村拓展服务。为建立"生产发展、生活宽裕、乡风文明、村容整洁、管理民主"的新农村提出了具体而明确的奋斗目标。从中可以看出，中央在推进农村改革发展的决定中，将对农村文化生活的建设提到了一个重要的位置，这在以前国家关于支农惠农政策里是很少涉及的。其中，乡镇综合文化站、村文化室、农家书屋等乡村公共文化场所的建设，可以形成乡村生活的公共空间。

6.2 传统娱乐方式的改变

20世纪70年代末，曾经一度被认为是封建迷信、"旧文化、旧传统"的农村民间娱乐活动又重新回归人们视野中，从而将劳动后的集体学习时光归还给农民，使得农民重新回到平时自己所支配的娱乐空间。但农民的私人文化需求活动依旧受到意识形态的抑制，需要通过隐性和软性的方式重新使其进入农村娱乐活动中。

20世纪70年代末，在A村唱戏、听戏、打扇鼓等传统的娱乐方式又重新回到节庆的目录清单中。这源于人民公社解体之后，村中集体收入基本不存在，村委会难以有能力支付请人唱戏产生的费用。62岁的宋×舍在20世纪80年代末担任过五生产队的队长，他说："1986年，已经有三年没有请人来村里唱戏了，于是我们几个小队长就跟村委会商量想请人来唱戏。村里虽然同意，但村里没有钱，所以当时请人来唱戏的钱都是我们几个小队长凑的。"1986年，请涞源的戏班子来唱戏大概需要2 500元。宋×舍说，当时生产队之所以有资金来源，是因为包产到户后，生产队有自己的土地，由生产队来决定分配。生产队也就依靠将所拥有的土地卖给农民个人，以此来获得生产队的收入。除了请外地的戏班子来本村唱戏外，生产队还购买了一些唱戏所需要的工具，比如大锣、铙钹、手锣、小钹。这些费用都是由生产队自己来负担。同时，这一时期的唱戏还属于一种计划行为，来唱戏的人也多为附近乡镇上的。唱戏要么是在村戏台子，要么是在村庄内的主路上，这一开放的空间让村民能够自由地出入。唱戏的人通常只是在台子的后面进行化妆、准备。可以说，台前、台后并没有明显的界限。这一阶段的公共娱乐空间，具有公开性和平等性，村民们不分阶层、职业、文化水平都可以参加，村民是戏曲得以发展的直接力量。

20 世纪 90 年代，国家和民间在农村娱乐空间中的力量都出现了增长。在相继将本队的土地卖给村民之后，生产队失去了对村民的管辖力量，村委会的力量逐渐增强。随着积累的增多，国家也以其他形式形成对农村公共文化建设的弥补。比如 A 村会在庙会请人来唱戏，开场前乡政府干部会宣传计划生育和医疗保障的政策。国家力量的重新进入和发挥，在某种程度上赋予了戏曲新的支撑力量，即官方力量，将戏曲重新纳入国家意识形态渗透的范围。发展经济已经成为政府、个人的主旋律，唱戏属于计划和传统的产物，难以与时代的高效、标准化相一致，并不能为表演者和参与者带来较高的经济利益。在戏曲的变迁中，来 A 村唱戏的人逐渐减少，而且本地的戏班子逐渐难以请到。一位在 20 世纪 80 年代听戏的村民说："来唱戏的戏班子以廊坊、石家庄的居多，最近几次请的戏班子都是从石家庄元氏县过来的。"同时，生产队力量的减弱，也使得请戏班子唱戏成为村委会的义务。在 20 世纪 90 年代末，随着外出务工的人员增多，本村能够吹吹唱唱的村民逐渐减少，而爱好戏曲的农民随着年龄的增长也逐渐倾向于听戏而并非唱戏。在这一阶段，戏曲逐渐倾向于北京戏和河北梆子，本地小调、涞源梆子等本土戏品种难以再上演，一些流动的戏班子也难寻踪迹。听戏的老人说："地方上的小调听着更有意思，但现在也都没有了，听中央电视台的京剧也不错。"地方政府在倡导经济发展的过程中，逐渐减少并忽略了对公共文化的建设。1994 年，时任副村主任的陈×桥组织成立了高跷队。以前偶尔玩戏曲的老人开始成为高跷队的吹弹者，当时一些十几岁的小孩成为玩踩高跷的主力。过年看踩高跷成为村庄集体的娱乐活动，而戏曲由于成本提高，本村村民参与演出机会减少而大大丧失了活力。

2000 年以后，在城市化的进程中，曾经是农村主要娱乐活动的戏曲逐渐走向一种边缘地位，戏曲难以成为村庄常态化的娱乐内容。从表演时间上来看，戏曲演出只有在过年或是庙会的时候才会有，甚至在春节或是庙会的时候都难以有演出，戏曲难以形成日常化表演。从演出的人员来看，过去演戏的人随着年龄的增长，逐渐难以参与到戏曲的表演中，进而演化为听众。从戏迷上来看，戏曲并不是所有村民的共同爱好，只是部分人的爱好，听戏的人逐年减少，听戏成了农民个体的娱乐活动，请人来唱戏的动力并不像过去那么强烈，无法成为集体性的娱乐活动。随着现代娱乐方式的进入，具有地方特色的娱乐方式在现代化进程中逐渐被吞噬。村中的老戏迷——70多岁的宋×林，其老伴已经去世三四年了，他有两个儿子在县城工作，他们两三个月回村一次，有时候回来也会给老人带一两张听戏的光碟。宋×林平时主要靠听戏来打发时间。手中经常拿着一个收录机，让儿子在县城把戏曲拷贝到储存卡上，用收录机来读取储存卡上的戏曲。他上午基本上是手拿着收录机在村中转，即便跟人聊天其收录机也是放着戏曲的状态。而其他爱好戏曲的老人则是看电视，或是自己买光盘在家看。村中喜爱戏曲的人也会相互交换光盘在自己家听戏。请戏班子来村里表演的机会几乎难以再有，集体看戏也成为过去。听戏虽然逐渐具有私人性，成为个人娱乐的行为，但相同的爱好者——戏迷之间，戏曲作为沟通的中介，依旧在联系着不少人。他们在闲暇时间一起赶集买光盘、一起看戏，这在中老年人中成为情感交流和休闲娱乐的重要生活方式。在农村公共娱乐空间中，戏曲不仅仅是一种娱乐方式，更承载着一代代人的信仰、价值观，也是农民集体参与公共娱乐活动的主要形式。尤其是地方小戏，较为熟悉的故事内容、清晰明了的发展情节、与地方文化习惯相贴近的表达形式，更能引起村民们的情感共鸣。地方小戏中交织着两种不同的文化力量：以隐性的方式在场的国家力量和拥有广泛群众基础的民间力量相互利用和纠缠。于是，地方小戏通过利用国家符号作为一种资源争取发展空间，同时张扬民间底层的意识形态来获取市场基础。在妥协、利用或规避的复杂情境中游走，获得生存和繁荣空间（王易萍，2010）。在A村也存在地方小戏，主要是讲附近村子发展过程的，有一些老人听过，但能唱的寥寥无几。戏曲的衰落是不争的事实，现代娱乐方式的兴起，逐渐吞噬了具有本土特色、民间传统的娱乐内容——戏曲，这也使得与之相关的公共生活和公共空间发生了萎缩，而经济一体化又加剧了公共空间的萎缩程度，产生了虚无的空间。农村虚空化的过程使农业生产没落了，使农村生活萧条了，使农村的脊梁给抽掉了。这个过程夺走了农村从经济到文化到意识形态上的所有价值（严海蓉，2005）。在农村空间中，边缘的戏曲活动难以获得持久发展的生命力，也难以实现村庄公共空间的发展。

在娱乐方式相对有限的农村社会，"来了唱大戏的"往往既是村民集体的狂欢，也是村民公共生活的主要形式。随着改革开放的深入，带有"传统"帽子的事物呈现出集体衰落，戏曲也不例外。改革开放40多年来，戏曲从禁止到恢复，从新生到边缘，与国家的宏观政策和村庄的微观社会环境息息相关。在其背后所掩盖的是看似农民自主选择、具有自由和自愿性质的娱乐活动，无不受到发展逻辑的影响。当发展追求数字化、经济化的指标时，市场理性瓦解着村民娱乐和互助的伦理，戏曲成为受发展所排斥的对象。当戏曲的政治功能和文化功能衰退时，发展所侧重的功利性便将之排除在外。戏曲也难以在村庄层面上形成公共活动，成为个体一种独自娱乐的方式。

6.3　现代娱乐方式的兴起

自 2000 年后，农民经常性的娱乐活动是看电视和打牌。笔者所住的农户家，因为在冬天，田地里没有农活，在刚入冬时就已经把白菜从田地里弄回来，或者偶尔做些村中尾矿的修缮工作。每天基本的生活流程是早上 8 时吃完早饭后开始看电视，中午 1 时吃完午饭出去打牌，下午 5 时回来准备晚饭，6 时吃完晚饭后继续看电视，晚上 10～11 时休息。1983 年，A 村开始通电，在通电后的第二年村里有了第一台收音机，村中老人说"全村人都围着那么个小盒盒"。A 村第一台电视机的出现是在 1985 年，村民宋×平从县城买了第一台黑白电视机，而没多久后就有了彩色电视机，大家都围着看《西游记》。在这一阶段电视机属于奢侈品，电视机不是村民生活的必需品，看电视并不是人们生活的常态。当时的电视机放置在戏台附近，村民们围着电视机团团坐，看电视仍然是一种公共的娱乐活动。自 20 世纪 90 年代后，电视机由一种奢侈品成为一种生活的调剂品，但一天中并没有太多的时间消耗在电视上。《渴望》《包青天》《射雕英雄传》是村民喜欢看的电视剧，《新闻联播》也是人们比较关注的栏目。2000 年以后，村民常看的电视栏目是歌舞类和电视剧，比如中央电视台七套节目的《欢乐星期六》和中央电视台三套节目的《星光大道》，以及抗日题材剧和家庭剧是村民比较常观看的节目。随着电视内容的多样化和日常生活活动的减少，电视机已经成为农民生活的必需品。电视剧的提供具有一定的指令性，即电视上演什么，村民们看什么。笔者住的房东家起初是在看抗日题材剧《打狗棍》，此剧播完之后又播出《老无所依》，此剧播完之后是

《咱们结婚吧》。基本上几个电视频道同时播出同一个电视剧。房东说"换来换去还是这几部电视剧"。新的娱乐方式——电视，让农村由过去唱戏的直接参与者变为观看者，电子技术将他们隔离在现场呈现之外。他们所感受的只有剧情，难以融入现场，产生身临其境的参与感和存在感。对他们来说，电视是一个随时可以出现的娱乐工具，而他们也是电视所操控的盲目跟随者。新的娱乐方式将个人从集体中抽离出来，他们在任意、相隔离的空间内进行"自娱自乐"。公共娱乐空间随着现代技术和传媒力量的进入，呈现出了明显的私人性。

同时，电视机的出现也开辟了村民聊天的新话题，在抗日题材剧《打狗棍》播出期间，其剧情成为人们讨论的热点。这有两方面的原因：一方面是《打狗棍》有80集，剧集比较长，不断有新追剧的村民加入并对其进行讨论；另一方面，A村曾经是革命老区，村中有一些老人或老人的父亲都经历过抗日战争，这也使得他们对这个剧集有更多的关注。在A村的卫生所、道路、农户的门口都可以听到农民对该电视剧的讨论，并由此发表自己的意见、想法。这种讨论一是增加了人们交流的机会和交谈的话题，以及交流内容的公共性；二是村民可以随意选择自己喜爱的电视内容，并不受其他人和其他因素的影响。电视的进入，使得现代性力量并没有对农村娱乐活动表现出直观的影响力，而是以一种潜在的、间接的、隐性的方式对农村娱乐活动渗透、控制和产生导向作用。电视里的任何内容都可能影响一部分人的价值观，过上何种生活、选择何种职业在某种程度上都有了参照标准。可以说，电视重新塑造了村民们的个人价值观，人际互动交往的准则，将本土、传统的规范机制在电视塑造的环境中逐渐消解了。电视影响下娱乐方式的个人化，人际互动方式非本土化，使得农村公共空间表现出同质化。

除了电视机以外，A村在2005年有了阅览室。爱看书的村民说"不用再守着电视机了，也不用说没报纸看了"。在阅读室中，农民不仅仅得到休闲，也可以互动、交流。在农民自发开拓的公共娱乐空间中，外来力量的进入成为激发农民参与的出发点。然而，当没有一个完善发展机制和自我参与的热情时，新兴的娱乐方式难以有发展活力。阅览室为村民提供了阅读和交流的空间，然而无形中的门槛将阅览室划定为特定人群的活动空间。

6.4 小结

在公共空间内，人们的互动具有平等性，而这种公共意识和共同文化不是强行灌输的（王斯福，1997）。从集体时代的动员式集体活动，到改革开放后的自愿服务，再到 2000 年后个体的主动行为，公共空间中的自主行为焕发了新集体主义的活力。在这种活力中，既有制度性力量的促发，也有市场性力量的诱导，当然也离不开公共空间自身的活力。在这一空间内，人们的观念、习俗逐渐形成地方文化，而在日趋全球化、强调发展取代一切的今天，地方文化被全球统一文化侵蚀，地方文化的消解也带来了公共空间的萎缩。公共空间对地方文化的成长具有保护和维持的功能，因此其重要性就显得格外突出。与此同时，文化娱乐空间中内容的变化，不仅表现为外来力量对本地文化特色的侵蚀，也表现为外来娱乐方式对等级的塑造。新娱乐方式的多元性和个体化，在不同的具体空间中形成各具特征人群的聚集，进而形成对其他人群的排斥，也使得公共娱乐空间表现为一种不平等性。

7 农村公共空间的社会结构

前文通过对四个维度公共空间转型过程的分析，试图解构国家和市场力量所塑造的公共空间转型，即外在力量对公共空间的驱动作用。在转型的公共空间内部，也存在性别与阶层的维度，性别分工和阶层划分勾勒出公共空间的无形边界，并将其分割为不同的互动平台。本章主要分析公共空间内部结构的调整，从政治经济学的视角，分析村委会、村干部的追随者等权力主体对公共空间的人为塑造过程。

7.1 农村公共空间与私人空间的分离和再融合

7.1.1 社会国家化与国家社会化

改革开放前，国家和社会处于一种未分化状态，即国家和社会高度融合。在我国农村，国家实行人民公社管理体制，在生产上，农村实行计划经济，国家垄断着社会资源，生产所得由国家统一分配。农民以生产队为单位、定时定点地按照队长和上级单位指定的内容进行生产，农民按照工分来获得生活收入。在生活上，村民的教育、医疗、婚姻都依赖公社的批准，需要上级的"指示"，在娱乐和生活活动中接受国家统一的意识形态塑造。村干部由公社指定，村民没有决定权和参与权。国家和公社具有高度权威性，个体服从集体的命令。总体来说，国家与社会的关系表现为国家人格化、社会实体化、意识形态化和日常生活泛政治化（高清海和张海东，2003）。国家与社会的高度统一也决定着公共空间与私人空间的高度融合。按照马克思关于人与社会发展的观点，国家社会化阶段是第二形态的人和社会的发展阶段，即"以物的依赖性为基础的人的独立性"的阶段（高清海和张海东，2003）。社会国家化是"以人的依赖性为基础"，个体依赖集体、他人，人从属于一个共同体，并以共同体为单位和活动范围，人的存在无法脱离该共同体。

20世纪80年代后，国家与社会表现出强国家、弱社会的特征。家庭联产承包责任制的实施，使得农民拥有土地的经营权和劳动所得，自主决定生产方式、生产内容和生产时间，在生产之外可以选择工作种类和工作地点。同时，随着市场经济体制的确立，农民逐渐参与到市场环节中，自由买卖。A村有村民在1990年就开始从事小买卖，两口子从易县拉面粉、大米、小米等在附近村子里卖。村民自治的确立，确保了农民的参与权和表达权，农民以自主投票的方式参与村庄自治。现代传媒技术的进入，使得农民逐渐接触到多样的娱乐文化活动，这些活动内容中的政治性减弱，逐渐具有休闲娱乐的特征。在体制调整下，国家对社会进行了松绑，与改革开放前的国家对社会消解相比，国家与社会出现了一定的分离，国家为社会处理自身事务提供了空间，社会国家化的特征有所减弱。

7.1.2 农村公共空间与私人空间的分离

西方理论界学者在国家与社会二元关系分析上，将公民社会从政治国家中抽离出来，而经济因素的加入，使得私人从公民社会中分离出来。在中国农村的实践中，国家与社会的分离表现为公共空间与私人空间的分离。改革开放前，农民基本没有私人空间，公共空间以政治手段和管理手段将农民包含在内；20世纪末，国家放松了对社会的管制，公共空间与私人空间的重叠性消失，表现为两者对立的特性。阎云翔在《私人生活的变革：一个中国村庄里的爱情、家庭与亲密关系》一书中描述了农村房屋的变化，集卧室、客厅、餐厅于一身的房屋逐渐演变为功能明确、独立划分的房间，隔断的客厅、独立的卧室将私人空间从一家人和客人共用的公共空间分离出来。在房屋外，高垒的院墙将农民的房屋从农村公共空间中脱离出来，以院墙为界限划分为独立的空间。同时，以前两三家共同居住一个院落的情况也基本消失了，一家一户的生活居住模式基本形成。在院墙内、房间里形成了外来人员无法打扰的私人空间。在具体形态上，私人空间从公共空间中完全脱离出来。在隐性方面，个体成为私人生活的主体，在生活方式和行为举止上公共空间与私人空间的分离表现为个体本位主义的增长，而"土壤匮乏"的公共空间难以"反刍"给农民支持，反而需要农民以税收、三提五统等形式来给予支持。同时，在改革开放初期，解决生活困境是农民面临最紧迫的任务，对公共空间的关注度和热度必然要降到生计满足之后，进而导致对公共空间的漠视，即忽略公共利益，追求自身发展。国家与社会的分离导致了国家从对公共空间的直接管理中退出来，"汲取型国家"[①] 难以形成对公共空间维护、发展的支持，公共空间相对地独立于国家存在。在一定时期内，国家和个人双双缺场公共空间，导致其成了"爹不疼娘不爱"的"丑小鸭"，以一种尴尬的角色存在。

7.1.3　农村公共空间与私人空间的再融合

公共空间是公共利益的重要载体，集体利益在此空间内得以体现，而在个体本位主义之后，公共空间经历了再组合。这种再组合表现为公共空间对个体存在提供了空间，即公共空间依赖于个体空间的存在，同时承载着个体利益。公共空间和个人空间成为包含和并存的关系，而并非改革前的吞噬关系和20世纪末的对立关系。哈贝马斯在论述公共空间和私人空间融合趋势时提出，私人空间中的争端由公共空间中的干预主义来解决，而福利国家的壮大也随着公共空间的渗透干预到私人领域中。国家干预在于维持制度的均衡，我们很难区分清楚究竟是哪一方面的集体私人利益受益更多（尤尔根·哈贝马斯，1999）。在税费改革后，国家与农村的关系发生了改变，有学者将其称为由汲取型政权向"悬浮型"政权转变。这种转变意味着国家从比如征收农业税、三提五统转变成追求"经济增长至上"的多种发展路径，比如以转移支付、财政补贴等形式来支持基层政府对农村的建设。国家与农村关系的转变，或者说国家对农村的直接、全面吸收，到现在以"经济至上"为发展取向，带来了公共空间与私人空间的交叉、并存。在国家追求经济快速增长的过程中，损害了农民的利益，因为以土地开发和城市建设为中心的发展模式是以损害耕地和农民利益为代价的（渠敬东 等，2009）。国家则以其他福利形式进行补偿。由于私人利益融汇于公共利益中，因而个人能够从国家福利对集体福利的照顾中获益。

---

① "汲取型国家"是指国家对民间资源的过度依赖与索取，通过征收高额税费来获得政府财政收入。

私人空间在一定程度上表现为对个体利益的关注和维护，而公共空间追求的是集体的、共识的利益。私人利益作为人与社会之间的重要中介，它的内容以及实现的形式和手段是由不以任何人的意志为转移的社会条件所决定的，而社会条件直接关联到个人参与公共生活的程度和水平（刘晓欣，2011），两者的利益的一致最终达成私人空间和公共空间的部分重叠。

西方的公共领域存在有资本和一定权力的资产阶级，因此公共空间完全为资产阶级所运用，并发挥所长，追求公共领域独立于国家而存在。而对中国农村来说，农民是社会中的弱势群体，若缺乏国家的支持，公共空间只能成为农民的负担；若国家全盘控制，则会遏制公共空间的成长，因此农民会追求公共空间与国家的共存，这种模式能够维持公共空间的最大效用。在这种情况下，个体也逐渐消除私人空间与公共空间之间的对立状态，以个人利益为出发点来追求公共利益的实现，以"搭便车"的形式来维护存在于公共空间中的个人利益。除此之外，作为集体中的一员的个体，必定难以与集体产生绝对的分离，如同当院子里出现捕鼠器时，整个院子都处在危险中一样①，个体与集体紧紧联系起来。融入了主体意识的公共空间，反而成为一种有机公共空间，更具有活力。

7.2 农村公共空间中的性别分工

改革开放前，农村女性同男性一样按照工分标准参与生产劳动。与男性相比，女性多从事劳动强度较小的工作内容，相应地挣得的工分也少于男性。在传统的农村社会，男权占有主导的位置，这种主导的明显特征在于"男主外，女主内"。在 A 村，原本有限的公共空间内，很难发现女性的身影。在政治空间内，生产队队长、副队长、会计都为男性，只有妇女主任为女性。一位 60 多岁的阿姨说："我从来都不关心这个（谁当村干部），关心这个干吗，又说不上话。"那时候，在有限的表达空间内，对女

---

① 喷嚏图卦刊登的一则寓言：老鼠看到农夫在摆弄一个捕鼠器，急忙跑到院子里发布警报，鸡、猪、牛都嘲笑它：这是你所面临的危险，和我们有什么关系呢？夜间捕鼠器响了，农夫的妻子急忙去看，不料被夹的是一条毒蛇，她不慎被咬而亡。许多人来参加葬礼，农夫杀了鸡、猪、牛招待。——当院子里出现捕鼠器时，整个院子都处在危险中。

性也有偏见，女性的声音往往被视为"妇人之见，登不上大雅之堂"。在消费空间内，在20世纪80年代担任过供销社售货员的宋×兴说："首先买东西的人本来就很少，尤其是到村里去卖，基本都是小孩来买零食，大人来买零食的不多，女同志去供销社也只买生活用品，家里买大件东西还是男性说了算。"在娱乐空间内，男性是组织和观赏的主体。在"文化大革命"后期有限的几次戏曲表演活动中，都是由男性牵头组织，而会扭秧歌和踩高跷的女性则成为参与者。她们并不会主动要求有娱乐活动，"那个时候很忙，白天去生产队干活，晚上看孩子，等孩子睡了就开始做衣服，哪有那个闲工夫"。而在平时的闲聊中，女性也多是在一旁纳鞋底、看孩子，男性在公共话语中占有主要位置。在社会空间方面，农村男性在人类照料方面发挥的作用十分有限，反而在基础设施建设中占有较大的比重。在传统观念中，"男主外，女主内"的观念决定着女性在公共空间的表现机会非常有限。

改革开放后，女性受压制的成分开始减少。一方面，现代媒体技术的进入，为女性的思想解放提供了动力保障，在思想意识上打开了一扇窗；另一方面，在实践上，男性外出务工的时间增多，在某种程度上加重了女性的劳动负担。与此同时，也增加了女性当家做主的可能和机会，长期在外的男性不得不让渡出一部分权利给女性。在农村公共空间内，女性不再是失声的群体，在某些空间内，她们反而成了主动和引领的发声者，但在这个过程中并不排除男性在其行动逻辑上的影响。在政治空间内，闲聊的女性往往可以形成权利团体和表达力量。2013年，A村村南正在修建荣乌高速公路，工程队在施工过程中由于操作失误，安置了过多的炸药，造成爆炸的瞬间村民的房屋也有较强震感，有些村民家的墙体震出了裂缝，窗户也震裂了。第二天在公路边聚集聊天的七八个农村妇女聊起前一天晚上的巨响，有的人说"孩子吓到了"，有的人说"玻璃震裂了"，有的人说"墙皮震掉了"。在各自描述控诉中，这七八个女性又问了其他几个人便商量着一起去找工程队"评理"。笔者所在农户的陈阿姨便和几个妇女一起到工程队，说"高速路放炸药震到房屋了，有一些孩子也被吓着了"。参加这一次"评理"的都是女性，没有男性参加。当问到为什么没有男性参与时，其中有个妇女说"男的还得打工挣钱"。这次工程队找了村委会的领导去把妇女们领回来了。两周后，妇女们又商量着去找工程队，而这一次则有了男性出面。如果说第一次是"试水",第二次则是"动真格"。与过去相比,女性的参与意识有了明显增强。在"关键时刻"出现和不轻易行动而是做背后的谋略者,成为权力、荣誉和自主的表征,这些意义导致了人们依旧把政治活动视为男性范围之内的活动(简·维弗斯,1982)。在消费空间内,杨乡集市是村民们的主要消费地点,每逢农历的一或六住在A村东头的女性村民会在公路上站一会儿,看是否能碰到一起赶集的人,然后三三两两地结伴赶集。女性在杨乡集市上基本是购买家庭的日常生活用品,并帮男性购买他们所指定的商品,比如说皮带、钥匙扣。杨乡集市上卖服装的店铺是她们喜欢光顾的地方,女性村民的衣服也多从集市上的摊位或服装店中购买。距离A村30千米的优山镇有一个比杨乡更大的集市,这个集市的商品更齐全,并且有一些工商、医院等部门在优山镇上,男性往往会来这个集市。笔者有一次跟着三位40岁左右的男性去赶优山集市,之所以要来这个集市,是因为他们要买一些家装的东西。他们所购买的物品则也是以家装为主,比如窗帘、花盆等。从某种程度上可以看出,在消费空间内女性负责家庭的日常工作,而男性负责家庭的发展工作。但女性在消费空间中的话语权有所凸显,开始注重自己的消费需求。在娱乐空间内,1994年,村中出现了自发组织的秧歌队,组织者是一位男性老干部,参与者则主要是女性。而在后期,她们还自发学习了广场舞。女性由最初的参与者变成了领导者,自主决定活动内容,创造新的活动空间。在社会空间内,农村女性依旧是家庭关怀的主体,并且为此而承载了更大的家庭负担。在基础设施方面,女性关注较少,表达需求有限。

对于农村女性来说,公共空间中的活动变得自由起来,在相对开放的空间内,她们的权利和参与意识得到进一步增强。女性在公共空间中的角色逐渐从客体变为主体,由单一走向多元。如果说过去是男性在公共空间中发挥作用,女性被排除在外,那么现在则是女性在男性控制的空间内发挥作用,女性在挑战男性的统治领域,同时也在挑战着权力格局①,性别规范的定制和产生无不是权力关系作用的结果(李晶,2009)。但在自由和挑战的背后依旧存在性别权力的垄断,男性法则支配着公共空间中的社会关系。布迪厄在《男性统治》一书中指出:"空间的结构,存在着男女

---

① 可理解为对公权力的反思与挑战,引自原文。

对立,大庭广众或市场专属男人,家庭专属女人,而且男性秩序的力量体现在他无需为自己辩解这一事实,无需诉诸话语使自己合法化。"这种隐性的规则,依旧在支配着公共空间中的性别分工。

7.3 农村公共空间中的阶层分析

描写清末社会生活的小说《暴风雨前》中提到几个人去茶馆喝茶的情景:"茶客都是各就各位,各得其所。有的大茶铺平民百姓从不跨进去,而更多的小茶铺某些人则不屑一顾。"(李劼人,1956)不同身份、职业、社会地位的人往往关注着不同的领域,也形成不同的互动空间。以娱乐公共空间为例,每天下午打牌,除了分出性别组之外,还以不同的经济条件和权势分成不同的活动群体。宋×套是村支书的表妹夫,20世纪80年代末是A村的会计,20世纪90年代后开始承包矿厂部分修复尾矿、修山路的工程。而这些工程需要村支书同意才能获得,即矿厂将修复尾矿的工程、上级政府将修路的工程给了村委会,由村支书负责工程的分配,宋×套则依赖村支书的关系来获得工程的承包权。因此,他每天下午基本都会到村支书家去打牌或下棋,与之同来的还有宋×套姐夫的哥哥(他曾经在乡政府工作,后回村种中药材)。村支书的家紧邻省道,在村支书家二层小楼的斜对面,即公路的另一边,有一间用石头砌成的低矮瓦房,在这里也有一桌打牌人。这一桌人在院中用的是小地桌(较矮的桌子),有的坐在门口的石阶上,有的坐在小木头凳子上,基本是半蹲状态。他们大多在68岁以上,要么丧偶一个人生活,要么健康情况欠佳,以务农和儿女救济为生,破旧的、带有污渍的衣服显示着他们或者他们儿女的经济水平一般;上午形单影只地在村中溜达,只有下午才聚集在此,暗示他们在村中的社交面有限。他们在相似的身份背景下,除了打牌外也没有其他往来,每天相聚在这里打牌对他们来说是生活中为数不多的消遣活动之一。

与这样的"以一公路之隔"的阶层空间相类似的是"以一墙之隔"存在的阶层划分出的公共空间。在A村中部的省道边上是洪×的家。由于洪×家位于村庄东西方向的中部,在他家东边是卖饼的铺子,西边是小商店,所以,他家门口的空地上常有人或站或坐着聊天。常有妇女接完孩子,或是男性在小商店里买了烟，或是有人从地里回来在这里休息下，但很少会有人进入洪×家里。洪×是一位 68 岁的老人，他在退休前是保定市某单位的党委书记，在村中的威望较高。虽然洪×人比较热情、友善，但村民基本是"无事不登三宝殿"。笔者在洪×家的时候，发现有两个人是"格格不入"的：一个是宋×套的弟弟（42 岁），七八年前出车祸，头盖骨少了一块，不能做重活，媳妇也跑了，哥哥（宋×套）也对他爱答不理。另一个是宋×相（28 岁），他在十五六岁的时候就成了孤儿，辈分较高（属于金字辈，村中与他同龄的年轻人比他小两个辈分），并且在三一重工公司工作过，见识较广，回到村子之后也在谋求村庄的自我发展之路。这两个人在经济地位和年龄上都与洪×的其他客人有一定差距，来了之后通常也是坐在一边抽烟，或是偶尔搭话。在一墙之隔下形成了不同阶层的公共空间，在同一物理空间内，也会因身份差异造成不平等，而这种地理上的公共空间则完全受到阶层特性的影响。

在开放的公共空间内，每个人都可以自由地选择，因为公共空间是不具有界限、门槛的，它具有公开性、包容性、多元性。事实上，身份、职业、社会等具有阶层要素的特点将开放的公共空间隔离开来，具有相似阶层的人进入相似的阶层内。当然，公开的公共空间任何人都可以自由出入，阶层所带来的归类感让"走错"公共空间的人要么产生无形的骄傲感，要么感到无名的不自在感。在有形公共空间中的阶层划分也可以反映到社会空间中。农民个体逐渐从传统的家庭、家族、村落、社区等地方性共同体脱离出来，他们的生存和发展不仅依附于传统意义上的社会关系网络，而且那些能够给自己的事业发展带来影响的关系越来越成为人际交往的核心部分，工具理性及其所主导的现代技术和政治制度逐渐实现了对公共空间的统治和异化，使得在公共空间内社会交往的发生掺杂着利益诉求，最终导致乡村社会关系的利益化、工具化、原子化与去规范化。

7.4　农村公共空间生产的政治经济学分析

特定的社会环境孕育着不同特性的公共空间，在农村公共空间的四个维度中，我们不难发现，其有各自的特性，但又有着相似的发展趋势。国家管理方式和具体政策的调整，使得农民呈现出不同的生活模式和互动形式，进而使得公共空间产生出国家和市场作用下的商品化、功利化、城市化、政治化的特征。在强大外在力量面前，农村公共空间的真正主体——农民，积极寻找维护自身的利益之路，寄希望于新的公共空间形成。

公共空间的概念最初源于建筑学、物理学、地理学，强调空间的自然属性，并以"自然生产"为主要特征，是一种外在于人类社会的定义。西方学者纳道伊对"公共空间"所做的语义上的历史研究指出，"公共空间"作为一个特定名词最早出现于 20 世纪 50 年代的社会学和政治哲学著作中（陈竹和叶珉，2009）。在英国社会学家查尔斯·马奇于 1950 年发表的文章《私人和公共空间》，以及政治哲学家汉娜·阿伦特的著作《人的条件》中将公共空间的概念引入社会学领域。齐美尔首先提出了公共空间的社会属性大于自然属性，公共空间在实体上表现为地理特征、在实质上属于心理效应。在此基础上，列斐伏尔提出了空间生产的命题。这一命题立足在马克思政治经济学的概念上，是马克思关于"社会生产"概念的发挥。马克思所提出的生产，不仅仅是指在劳动过程中所创造出来的具体物质形态，在这背后还包含一系列的隐性元素，如权力、资本、商品、剩余价值等概念。这些抽象的概念可以具体化为四个指标，即谁生产，生产什么，怎样生产，为什么生产和为谁生产。在列斐伏尔看来，具有自然属性的空间是一种创造而非生产，因为自然界的每一个产物都具有独一无二的特性。逐渐具有社会属性的空间，与人类社会紧密相连，必然产生"反自然"的力量，即自然之外的符号、意象、论述、劳动和生产，也就是人的社会行动（陈竹和叶珉，2009）。空间的社会性决定了其不能独立于社会而存在，公共空间与国家、社会、市场、个体等主体相连，表现出更多复杂的社会关系。

7.4.1 谁生产与怎样生产

在列斐伏尔的眼中，依据空间不同的呈现状态划分为感知空间、构想空间和生活空间。感知空间是具体形态的物理实体，比如公路、广场、公园等建筑场地。构想的空间则是一种概念化的空间，是"科学家、规划者、城市学家、各种类型的专家政客的空间"。社会中的权力者按照一定的秩序和规则划定出具有社会效应而又没有具有形态的空间系统①，划定者依据通过控制空间的知识体系而形成的隐性空间权力，对空间的范围和内部的结构、互动方式产生作用。生活空间是一种被想象力的知识体系占有和控制的空间，生活空间中的物质载体呈现出思想、艺术形态。不难发现，列斐伏尔所描述的感知的空间、构想的空间和生活的空间在农村社会中可以具体呈现为消费空间、政治空间、社会空间和娱乐空间。

在消费空间，农民依托具体的物理载体来完成消费行为，比如商铺、小商店、集市等。这些感知公共空间的形成从表面上看多是私人行为，比如农民将自己临街的住宅改为商铺等。在私人活动的背后是市场逻辑在发挥作用，而市场的作用以商品化作为具体体现，通俗地说一切都需要钱来购买。20 世纪 80 年代后期，社会发展所追求的是经济数字的不断增长，在这种追求的背后隐藏着盲目以现代、城市、发达等字眼为目标的意识形态，只有实现了西方发达国家所走的工业化、城市化、商品化道路，消除传统、落后、农村的因素才能真正实现现代化。连贫困地区的地方官员也相信发展工业和农业商品化才是脱贫的灵丹妙药（古学斌 等，2004）。当带有相关意识形态的政策和价值理念进入农村之后，农民的自给自足也就彻底被打破，他们的双脚站立在市场经济之中。从生产资料中的老种子、粪肥、耕牛被现代的种子公司的新种子、化肥、农用机器代替，到生活资料中的基本自种自吃、自缝自穿、互助互惠到现在的商铺购买、专业的红白喜事服务公司、工程队都有了市场的侵入。在市场的商品化逻辑下，农民的生活所需无一不需要购买，这便产生了消费需求。市场化制造了农民需求，也增加了农民生活压力，他们不得不在土地之外寻找更多的收入来源。作为市场消费者的农民，也在不断寻求市场中的生产者角色。在 A 村，临街的村民也断断续续开设了小卖部，希望能够以此来减轻一定的家庭负担，小卖部的出现产生了新的公共空间。村民可能会在小卖部碰到，也有可能在小卖部里面打牌。总体来说，小卖部的存在为村民互动提供了新的空间。但不能忽略的是，市场所产生的这一空间的主要功能在于消费，所具有的公共性功能是附属产物。

在政治和社会空间，村民自治、一事一议等制度的出现，创造出了制

①　此处并非物理意义上的空间，而是一种社会空间，如资源分配、等级关系。

度空间。制度空间产生使农民的参与和表达有了实践空间的可能。西方国家公共领域中的主体——资产阶级，是公共权力的拥有者，并追求公共领域独立于国家存在。与西方国家的公共领域发展不同的是，公共空间中虽然"以人为本"，但农民并非主体，他们无法控制公共空间，反而受公共空间的影响。为了从公共空间中受益，农民追求公共空间与政府的并存，并希望政府给予较大的支持。20世纪90年代后，国家对公共空间进行了重新塑造，一方面在于社会需求的出现，另一方面在于国家统治的需要。在市场领域中，社会成员追求个人利益的最大化，而在政治和社会领域内国家追求的是公共利益、社会利益最大化，社会效用的最大化依赖于国家的第二次分配。从汲取型转为悬浮型政权的国家，通过对政治和社会公共空间的"反哺"实现对空间内个体的规训，即以社会效应来满足个体利益的最大化。福柯提出了"治理术"的概念：由制度、程序、分析、反思以及使得这种特殊然而复杂的权力形式得以实施的计算和手法组成的总体（福柯，2001）。简单来说，治理逐渐取代了主权、法律在国家统治中的作用，国家表现出治理化倾向。我国治理化倾向使得国家不再以一种强制性的、军事化的手段来管理社会，相反通过一种过滤了强硬因素的权力手段来对农民进行规训。改革开放后，国家对农村一系列社会福利制度、民主制度的建设，将分散的农民重新拉回失去主体的公共空间中，以公共空间为媒介对离散的农民形成看似是自愿、自主的，其实是具有强制性的凝聚，政治和社会公共空间得以出现和成长。

在娱乐空间，农民的娱乐活动由带有明显政治色彩的戏曲活动转变为更加多元化、娱乐化的活动方式，比如打牌、看电视、跳广场舞。在这个过程中，农民逐渐具有选择娱乐活动的权利。事实上，却是权利以前所未有更加强烈的方式影响着农民娱乐。以打牌为例，在A村经常打牌的人大体上可以分为两类：权势附庸者和底层自娱自乐者。在权势附庸者看来，打牌不仅是一种娱乐方式，也是一种社交方式。以打牌的形式形成与村中有权者的互动，并以此作为圈子的活动内容，巩固权势小集团的稳定性。底层自娱自乐者则以一种"寻找组织"的心态来打牌。这些人多是一些上了年龄的老人，本身丧失了劳动力，无法种地和外出打工，也无法跟随自己的子女进城或是料理孙辈，只能是"闲待着"。家庭的经济水平较低，决定了这些老人在村中处于较低的社会地位，造成他们在农村的社会互动中处于边缘状态，而类似群体的互动活动——每天下午的定点打牌，往往使得他们获得一种认同感和参与感，这在其他人看来只不过是消磨时间。打牌作为娱乐活动中一个种类，早在"文化大革命"末期A村就已经出现。然而，打牌在20世纪末一直作为一种过年的消遣活动。自2000年后，带有节日仪式性质的打牌逐渐表现出日常化倾向，并且在日常化倾向中表现出阶层分化，而这背后隐藏着权力对社会阶层的划分与隔离。农民的穿着、住宅、收入等符号和象征指标将个体划分为不同的类型、不同类型的人群获得社会资源量的不同，导致其在社会等级排序处于不同的位置，从而使得其以不同类属群体进行相似或相异的娱乐活动，并使得相似的娱乐活动产生不同的特征："积极社交"或"消磨度日"。

7.4.2 生产什么与为什么生产

福柯在《规训与惩罚》一书中描述了空间与监控的关系。监狱是一系列既相对独立又有联系的建筑，监视者可以将处在监狱内的关押者尽收眼底，而关押者却难以发现监控者是如何对自己进行监控的。学校、工厂中的间隔建筑和空间设置，使得学生、工人处在一个时刻受监控的环境中。这种监控方式最大的好处不在于对人体的征服，而是建立了一种关系，使人体在更有用的时候更顺从（叶涯剑，2005）。对于农村公共空间来说，它的存在在某种程度上为农民提供了自由活动的空间。从消费空间来说，让农民获得平等感，"咱村里跟城里比，除了厕所不一样之外，其他都一样"。从政治公共空间来说，选举权的确立，让农民获得了尊重感。"以前都是老百姓听当官的，不知道现在咱小老百姓还能选当官的"。从社会公共空间来说，村民认为"现在比过去好多了，以前种地还要交钱，现在种地还给钱"。福利国家所建设的福利体系让农民处于一种幸福之中。从娱乐空间来说，农民在活动中获得参与感，"没事儿聚聚，玩会儿就不来了"。改革开放后，公共空间范围的扩大和内容的增多，使农民获得了更多的机会，农民也处于一种自由、放松、民主的状态；对国家来说，对公共空间的反哺，事实上制造了一种控制手段。在消费公共空间，农民的消费在市场的力量由一种主动消费变为被动消费，消费与否、消费多少、消费场地和互动方式并不是农民自主选择的结果了。在政治空间，村中权贵者决定着自治的规则和选举过程，村民难以发出真实的声音。在社会空间，农民的需求排在经济发展之后，农民往往是付出了更大的代价而获得较小的收益。在娱乐空间，集体的、公共的活动受到国家政治形态的影响，承载着一定程度的政治使命。国家以公共空间作为载体形成对"马铃薯"般农民①的控制，将他们以一种人性化、弹性、温和的方式放置于没有封闭界限的空间内，农民可以在这个空间内自由地进行互动，国家以制度的形式划定了公共空间的界限，并以外来者的身份监控公共空间内部个体的互动，并以政策、市场、符号、资本等形式渗透到农民的互动中，形成一种隐性的治理术。

通俗地讲，治理术是一种如何实现对国家管理的艺术和科学，即既有国家的集权，又有国家权力的分散，强调的是适当对公民进行管理。福柯（2010）认为，治理艺术中的任务在向上和向下两个方向建立连续性。向上是指保证国家统治阶层内部秩序的正常进行，即统治阶层内部如何保证健康；向下是开始被称为"治安"，如何把经济——在家庭范围内管理人、财、物的正确方式（人们期望一个好父亲在和妻子、孩子和仆人的关系中做到这一点），使家运亨通的正确方式——把父亲对其家庭的这种无微不至的专注引入对国家的管理中来。魁奈就把好的治理叫作"经济的治理"，即将经济因素纳入政治治理的范畴来，按照经济模式来行使权力的艺术（福柯，2001）。按照福柯和魁奈对治理术的阐释，国家对公共空间的治理，则表现为"社会的治理"。如何将冲破家庭、生产队等组织的农民重新凝聚起来，并给予一定的权利、空间以实现民主治理。对农民和国家来说，公共空间是一种逻辑、两种表征。相同的逻辑表现为公共空间虽然不能带来直观的经济收益，被国家视为经济数字增长之后的支持对象，农民将其放置于解决了基本生活需求之后的位置。然而，对公共空间或置之不理，或相似的关注，对两者产生了相斥的影响。在公共空间中的国家与农民的关系，就好似商人与购买者，降价之后从表面上看是购买者获得了收益，其实商人也从中获得了收益，两者只是从中各取所需而已。

现代化进程对社会成员的影响体现在两个方面：物质需求和精神需求。前者追求的是物质丰裕，解决温饱之后的生活富足；后者建立在前者

---

① 源自马克思对农民的描述，形容不团结。

的基础之上，在基本生存和安全需求满足之后，追求心理范畴和社会范畴的满足感，即表达、参与、认同的需求。现代化对国家也提出了两个要求，即经济发展和社会进步。在片面追求经济增长的意识形态下，政府关注 GDP 的增长。当经济过度发展、社会落后于经济发展时，经济与社会形成了不均衡发展，促使政府不得不考虑民主建设。A 村的自治开始于 1993年，在这之前，村干部主要依靠上级任命，在 1987 年后一直到村民选举前，A 村的村主任都是由梁×明担任的。在 20 世纪 90 年代后期，已经有农民外出务工，并已经有村民开始建起平房。而 A 村的村干部口碑在村民眼中"忒差"，这也使得梁×明没有再担任村干部。村民自治的实施，无论结果如何，都在政策层面上确定了村民的自治权。村民在政治领域中获得了参与感和认同感，在某种程度上激发了一种民主意识，而这种民主意识以"泛化"的形式溢出到其他领域。可以说，村民对参与的需求和在国家民主建设中的任务，这种上下两个方向的作用力激发中间地带——公共空间的形成。

7.5　小结

在国家与社会互动的过程中，作为政府与农民互动的中介和平台——公共空间，与国家和私人空间不断形成新的关系，这三者不同的关系往往也影响了公共空间内部结构的塑造。在演化为开放、多元的公共空间中，性别所具有的话语权和经济阶层在无形中将人以标签化的作用带来了公共空间中的等级划分。国家身份的介入将公共空间肢解为权贵集团的谋利工具，乡镇政府、村干部借助公共空间的非正式平台，或是说为了实现某种目的而人为地制造出公共空间。直观看来，农民的参与和表达权利受到了保护，而实际上只不过是村干部及其追随者所玩的太极拳。在公共空间，农民与村干部的关系就好似商人与购买者，降价之后从表面上看是购买者获得了收益，其实商人也从中获得了收益，两者只是从中各取所需而已。

8 农村公共空间中的自反性活动

对传统村庄中的人际互动，社会学者倾向于用互惠来解释，比如费孝通（1998）在《乡土中国》一书中描述了农民通过日常生活中的红白喜事形成邻里之间的互相帮忙。以血缘和地缘为纽带联系在一起的人们，互相承担着特别的社会义务而产生互助行为。而在从传统向现代转型的村庄中，社会学者更倾向于采用社会资本理论来解释村民之间的互动。社会资本强调个体在现有、特定的资源中所能够发挥作用的资源，即"资源中的资源"（杨玉秀，2011）。李小云（2007）提出了社会资本对村庄公共空间建设的重要性，社会资本是公共空间得以继续存在和维系的力量。在现代力量不断对传统因素瓦解的今天，社会资本成为村民对公共空间行为再维护的主要力量，是公共空间的民间保障力量。

在农村的发展历程中，传统的习俗在农民自发活动中发挥着作用，引导农民自发、自主地开展着自下而上的互动活动。在这些活动背后，是没有被科学、技术肢解的民间信仰和集体观念。传统的神学传说和朴素的交往理念是村民的基本信仰，在信仰中人们按照规矩、民俗、习惯进行互动，形成交往。而今，在科学、技术、理性等因素的影响下，公共空间不但日渐衰落，而且在现有的空间内表现为隔离性、排他性。农民在公共交往、互动的压力下，形成了贝克所说的自反性。这种自反性并不是有意识的、带有明确目的的，而是一种自觉的反应，在多重作用下寻找实现互动的可能。

8.1 影响农民自反性的因素

贝克（2011）在阐释自反性的作用时提出了三个方面的表现，即个体化、亚政治、家庭和就业体系的多元化。在贝克看来，自反性是所带来的个体化对简单现代性的理解、回馈，使得个体以一种非意识性的行动独立站在现代性面前。这种个体化是一种社会进程，在家庭、就业、社会活动方方面面都得到了体现，人们不再循规蹈矩的生活，而是追求适合个体的发展路径。个体化生活的变迁与政治不无联系，它以制度建设为基础，个体重归社会制度，使得政治逐渐具有非制度性。本部分借用贝克所描述的个体化、亚政治以及家庭和就业体系多元化的概念，从与之相对应的三个维度，即个体化社会、底层的反抗和应对现代性对当前生活影响时所表现出的生存性智慧来解释公共空间中的自反性力量。

8.1.1 个体化社会的到来

许琅光在描述半个多世纪前的中国时，提出人人都生在祖荫下、长在祖荫下。在半个世纪后，这个状态虽然不是发生了逆转，但已经明显表现出不同。家族、血缘的权威影响在减弱，个体逐渐脱离出家族、血缘的控制。与西方国家不同的是，出现在我国的这种改变，来自国家的政策力量的推动，而并非社会群体自发的行动。正如戴维斯（1993）指出"国家政策推动了社会转型，而不是社会转型推动了国家政策"。阎云翔在下岬村的实地调查提出了中国农村的个体化进程，认为国家政策推动了个体化的进程。在集体制时代，国家为了实现人民对国家的忠诚，必须打破个体与国家之间的界限，即打破各种集体、等级的限制，尤其是对家庭的信仰。在非集体时代，市场理性为个体意识的觉醒提供了可能，国家对农村管理体制的变化则推动了个体化的进程。阎云翔对下岬村日常生活的解读阐释了国家在个体化过程中的作用，并强调这种个体化过程更多地表现为个体主义。西方学者鲍曼和贝克对个体社会都有专门的研究。鲍曼认为，个体化表现为"个体解决系统矛盾"，即人们寻求失业、灾难等制度所造成结果的解决方法，这种方法表现为个体特征。鲍曼认为的个体化对公共空间来说是一种瓦解力量，对于个体来说，公共空间只不过是一块巨大的屏幕，个体的忧虑被从外部投射到屏幕之上，并在投射放大的过程中也不再是个人的忧虑：在公共空间，个人的秘密和隐私得以向公共坦白（鲍曼，2001）。贝克强调个体化中的积极因素，个体化是对现代性变化的积极反应。第一现代性向第二现代性转变，与第一现代性表现为人、群体、活动、行动领域和生活形态方面有鲜明的边界和区分，对管辖权资格和责任内容进行明确的制度划分；相反，第二现代性表现为模糊、不确定、流动性、同质性，而自反现代性中的个体化在于以个体力量来应对现代性所带来的种种不确定，形成三重"个体化脱离"：一是从历史规定的、在统治和支持的传统语境意义上的社会形式与义务中脱离（解放的维度）；二是与实践知识、信仰和指导规则相关的传统安全感的丧失（祛魅的维度）；三是重新植入。在这里它的意义完全走向相反的东西——一种新形式的社会义务（控制或重新整合的维度）（张良，2013）。"为自己而活"成为一种普遍的诉求。

随着现代化进程的深入，中国农村也开始了个体化进程。与西方不同的是，我国农村的个体化进程并不是一个主动开展的过程，而是被迫开展的过程。虽然是被迫开展，但从集体中觉醒的个体并不只是带有"无公德的个人主义"，而是表现出个人的自觉活动。人民公社时期的集体制，国家以军事化的体制来进行社会管理，强调集体的意识形态，即个体和集体在某种程度上是属于对立的矛盾体，即强调集体就意味着对个体的否定，强调个体就意味着对集体的极大否定。因此，在"非黑即白"的意识形态控制下，农民的个体意识是受到否定的。受国家管理制度调整的影响，在家庭联产承包责任制实施之后，个体从包办的集体中脱离出来，成为独立营生的个体，自主安排个人的生产时间和生产活动，集体不再对个人负责。由此，当土地划归为个人之后，农民也就开始了个体化之路。A村的村民最早在20世纪80年代初期开始外出打工。宋×才是村中最早外出务工的人员，他说"外出务工是为了解决温饱问题"。可以说是不得不外出打工，不得不为自己生存考虑。2000年后，A村开始出现大范围的外出务工情况。按照中国农业大学叶敬忠教授对留守人口的定义，家庭成员若有连续六个月在外务工的，则将此家庭定义为留守家庭。目前，在A村有82户留守家庭，占全村家庭数目的37.3%，164人外出务工，占全村总人口的 23.5%。在这一阶段，谋生是农民外出务工的主要原因，但同时谋生之外的个体因素也在增长。"在村里能干啥，就种地？"村民之所以选择外出务工，是希望自己的技能不荒废。在农民个体化凸显的对应面上——集体表现为衰落：以生产队为管理单位的村庄，在集体资产丧失之后也逐渐丧失了对农民的控制权。20 世纪 80 年代，每个生产队有相对独立的土地拥有量，村委会承担着"两税"的征收工作，可以说村民生产、生活都离不开集体。20 世纪 90 年代，农业生产规模减小，外出务工人员增多，村民与外界的互动增多，与生产队、村委会的交集减少。生产队、村委会的功能萎缩，集体也日渐衰落。

这种具体形式上的个体化带来了农村社会结构转型，作为农村社会最基本的单位——家庭，成为个体化的表现形式。家庭联产承包责任制实施之前，农村成员身份表现为同质性，大多数在本村务农。单一的经济体系和国家控制下的农村，人员流动性较小，并不存在目前普遍存在的留守人口。农村家庭也多属于扩大家庭，三代人同居一室的情况也屡见不鲜。村民说"在分地之前，一个院子里最多能住到三户、五十多人"。虽然空间狭小，给生活带来了不便，但聚居生活使成员之间的情感需求在某种程度上得到满足。在人民公社时期，农民的情感需求是不容易得到满足的。改革开放后，随着现代性的深入，传统农村家庭的生活方式发生了改变，流动与留守成为生活的常态。一方面，是城市的发展和劳动密集型产业的出现，对劳动力的需求逐渐增大；另一方面，是农民的双脚站在市场经济之中，而不是站在自给自足的生产之上，农民的收入无论是好还是坏，都已经无法维持生活资料与生产资料（叶敬忠，2012）。青年在未婚之前，大部分人有过外出务工的经历，通过务工来减轻家庭的经济负担；青年在婚后，为了维持核心家庭的基本生计、改善生活状况和赡养老人，或是男性继续外出务工、女性在家料理家务，或是夫妻双双外出务工，两个人在不同地区务工的情况屡见不鲜，甚至有夫妻双方在不同国家务工的情况。也就是说，原来两个独立的个体在组成家庭之后有了短暂的聚合，随后却又走上了相互分开的道路。家庭结构的变化，带来了家庭成员心理的变化。家庭使命和传统家庭权威的地位有所下降，家庭中的亲密关系由僵化、规范性和等级性朝更加弹性化、情感化和平等化的方向发展，传统的父权本位和夫权本位的思想在短暂团聚中逐渐由一种珍惜的情感来得以弥补甚至取代。家庭中信仰权威的变化，使得公共空间中的互动逻辑表现为对传统权威的挑战，父权仍然在发挥着作用，但青年力量也逐渐成为公共空间中的主要力量。

现代化进程的深入和现代思想的传播，使农民更加注重自我需求和自发发展，个体的需求不再掩埋在家庭发展需求之下。"自我决定命运"的开始，逐渐产生个体的目标高于家庭目标，这就会使得在实现个人职业目标或达到一定发展阶段之前，有一些人也许暂时不会考虑组成家庭。原来曾是城市特有的晚婚晚育的现象，现在农村逐渐出现了。一方面，受城乡劳动力流动的影响，使结婚定居变得更加困难。有的学者采用事件历史分析法对四个省份农村妇女的初婚年龄进行研究后指出，婚前曾经外出的妇女初婚年龄较大，婚前外出的流入地为外省或城市的妇女，初婚年龄大于其他婚前外出过的妇女（郑真真，2002）。另一方面，与对婚姻中情感因素的追求不无关系。"搭台过日子"这种简单而淳朴的家庭生活方式已经很难满足农村青年对高质量家庭生活的需求。农村家庭的功能和地位在现代性凸显的过程中逐渐减弱，个人的兴趣和价值在家庭中逐渐寻找到了空间，对农村女性而言同样如此。女性自我意识的觉醒和对自我认同程度的提高，使其更倾向于到家庭之外更大的世界中寻找展现自我潜能、实现自我价值的机会和平台。村中有个卖大饼的妇女，名叫王×平，今年41岁。王×平的丈夫在北京打工，只有家里有红白喜事才会回来；王×平的大儿子在山东打工、小女儿（5岁）在村里上幼儿园。她说自己也想等孩子大了出去打工，"和我年纪差不多的（妇女）很多都出去了，我也想出去看看"。"出去看看"成为一种冲破家庭传统束缚和在家务农、照顾家人等工作的回应，在一定程度上可以说是个人意识觉醒的表现。当问及一位42岁妇女，是自己在家务农辛苦还是丈夫外出工作辛苦时，这位妇女回答：都辛苦。她对自己做家务和做农活表示了充分认可，不再认为自己的工作无足轻重。农村女性的个体化表现在对自身劳动的认同，积极认同自身存在的价值。这一个体化特征的凸显，使得女性游走在公共空间的边缘与中心之间。

8.1.2 生存性智慧的发挥

"生存性智慧"是邓正来在中国遇到西方现代化的背景下，对中国现代知识和中国发展之路忧虑之后的产物。当东方遇到西方之后，中国的发展之路引发了学者的关注。当前，对中国模式有两种对立的观点：一种是以秦晖、邓晓芒和匈牙利经济学家科尔奈等为代表的论者或对中国模式进行批判性的解读，或直接否认中国模式的存在；另一种是以潘维、姚洋等为代表的论者不仅赞同中国模式的提法，更对中国模式进行了"制度主义范式"的初步阐释（邓正来，2010）。在邓正来看来，虽然这两种观点相反，但存在共同点，即按照完全理性的规划来看待中国发展，忽视了"摸着石头过河"所带来的结果和排除西方、苏联文化的作用。由此，引入了"生存性智慧"的概念。此概念由哈耶克的"默会知识"演变而来。与当前以知识为导向的观点不同，生存性智慧排除了先入为主的价值判断和原有的知识框架，将人类社会与自然的生存性本能纳入考虑范围来，以人为本、以自然为本，将人与自然融合为一体考虑（朱剑峰，2011）。生存性智慧是地方性、本土化的，是具体、生动、真实的现实写照，具有地方适应的特殊性，不依赖知识分子的规范学术建设和科学范式的整理，并不在宏观学科建设上形成推广知识。生存性智慧将对现代化理念的强调，即对经济发展的强调，与对中国本土共同体的强调，即将血缘、亲缘等社会资本列为同等重要的位置，以熟人交易、策略性行动来嵌入经济交往中。具体来说，生存性知识可以视为这样的一个过程：以经济交往中的"熟人交易"和政治交往中的"策略性行动"为基本形态，以不同层次"生存共同体"的"共同利益"或"共同善"为依据，以经济发展的后果为最高"责任伦理"标准形成的一个"未意图扩展"的历史进程。它之所以是一种"未意图的后果"，是因为它不是经由任何整全性的理性设计而达致的（邓正来，2011）。

生存性智慧是用来解释中国模式，并为中国发展之路提供一种理论范式的思考。但这并不妨碍生存性智慧对中国农村发展的解释。早在20世纪初，晏阳初就将农民描述为"愚、穷、弱、私"。这四种情况在某些农民身上有所显露，但绝不是在每个农民身上都会发生。可是，这种界定却成为一种"话语"在影响着没有去过农村、对农民的生活并不了解的城市人的思维（赵旭东，2008）。进入20世纪80年代后，我国开始了现代化进程，强调发展就是硬道理。话语将之建构为只有像西方国家那样，实现工业化、市场化和商品化才是真正的发展。因此，一系列以发展农村为缘由的项目、政策逐渐开展，而这种发展又单一的以经济增长作为衡量指标。所以，服务于经济增长的政策成为总任务，而无法将产生任何经济价值的公共活动、志愿活动等公共空间内的活动排除在发展之外，传统的公共空间也在发展中不断萎缩。同时，当这种统一、标准化、数字化、科学化的发展进入农村后，农民的"生存性智慧"，即本土知识、社会资本在对抗发展对公共空间的侵蚀发挥着作用。A村首个资源型工厂在20世纪80年代末由村民王×功建设，可以说王×功在改革开放之初就充分利用了地方资源和国家政策。王×功在土地包产到户之后便选择到离家比较近的天津港口打工。到了天津以后，他发现这里在出口一种叫作蛭石的矿厂资源。而蛭石在自己的家乡也很常见，老人们常用它来取暖，小孩们常用它来点火玩，在村里大家只是把蛭石当作生活工具，并不知道这是一种新型的建筑材料。王×功于1989年回到村里，和自己的叔叔商量办一个蛭石厂。王×功的叔叔赵×山是村支书，依靠赵×山的关系，加上王×功年轻能干的口碑，召集了20多个人上山去采蛭石，最多的时候有80多个人。蛭石厂虽然在法律上缺乏合法手续，算是非法经营，但丝毫不影响村民的热情，当时蛭石按照0.1元/斤的价格支付给农民，给以种地为生的村民带来了额外的经济收入。不仅如此，在家庭联产承包责任制实施十年之后，A村再次出现了集中生产，这对村民来说更像是集体活动的盛宴。当时参加过挖掘蛭石的村民说"早上起来吃了饭，就有人在门口喊了，一起就上山去了。不过，挖这个石头比较危险"。

在改革开放的浪潮中，村民也在寻求自身的发展之路，并不是单纯地被城市、工业吸引，而在结合自身能力、当地资源和村庄共同体的社会网络之后，寻找出能够实现经济增长的道路。这在无形中又是对公共空间的重新建设，生存性智慧所带来的本地生产和发展路径，提供了公共空间最需要的主体——人，农民能够留在农村，才能实现公共空间的再生。其次，本地生产所带来的生产空间，使得农民有了更多互动时间和内容，而这种互动并不是娱乐性、休闲性的，反而在互动中为家庭带来了经济收入，在经济行为中产生社会资本，进而形成相对独立、公开的空间。可以说公共空间嵌入在经济生产中。

8.1.3 底层的视角——弱者的武器

农民在个体化之后开始积极寻找适合自己的生存之路，并结合当地资源、农村的社会网络来追求能够满足生存和发展需求的模式。与生存性智慧不同，当所有的资源和知识无法用来实现经济发展的目标时，并且这种目标在权力、资本的作用下受到影响时，拥有本土资源和社会网络的农民无法与拥有权力、资本的群体相抗衡，只得选择一些隐性、微观的策略性行为来实现经济发展的目标。美国社会学者斯科特在东南亚农村调查时发现，在秩序井然的农村空间里，一切似乎都很平静，农民似乎呈现出顺从、协作的状态。这些农民老实、清贫、需要富人的帮助，但在日常生活中面对富人的吝啬、自私和压迫，他们避开了激烈、显性、具有较高政治成本的冲突，反而以一种微观、隐性、较为边缘的方式来对这种不公待遇进行回应。农民反抗的目的不在于改变制度，而在于将制度的不利降至最低。农民的幕后反抗并不能单纯地用懦弱或妥协来解释，而是一种维护自己生存权的选择，并对强势人群道义的谴责。在斯科特看来，低姿态的反抗技术与农民的社会结构非常适合——农民阶级分散在农村中，缺乏正式的组织，最适合于大范围的游击式、自卫性的消耗战。这种底层的视角让我们在宏大叙事下的条理中看到活生生的主体——农民，他们是如何在相关意识形态的影响下，来维护自身的经济权益，采用渐进性的方法来改变游戏规则、社会制度的。

弱者的武器和隐藏的文本为农民日常、隐性反抗提供了合法性解释，对抗阶层与自身力量的悬殊，也使得农民更加依赖这种不太明显、相对较为平和的抗争方式，以维护自身权益，降低制度带来的不利影响。与西方国家不同的是，我国农民的目的不在于降低制度带来的不利影响，而在于利用政策，将制度按照中央意图完全落实。

在我国农村，农民维护自身的利益往往不在于否定，而在于肯定，即不在于推翻当前政策，而是在于争取当前政策的落实。这在某种程度上与其说是一种维权行动，不如说是在相对平和、潜在的形式下追求自身利益的最大化。在非农业生产时期的"弱者的武器"，难以采用毁坏农业工具、偷懒等"武器"，在市场经济下的"弱者的武器"，有了不同的形式，这种形式更多的是采用"有话好好说""有理好好说""不过分"等较为柔和的"武器"来维护自己的权益。

"弱者的武器"为农民维护自身权益提供了可能，这种行为和方式为农民表达自身权益和参与提供了可能。国家自上而下所建设出的参与和表达渠道，难以完全满足农民维权的需求。一方面，是制度维权的过高成本，需要时间、精力、金钱和人情的支出，生存理性的考虑使得村民不想以更大的支出和承担更大的风险来获得利益；另一方面，制度维权涉及正式的文字材料、较多的参与者，这对农民来说，若非较大事项，难以在日常的权益表达中发挥作用。日常生活中的"弱者的武器"承载着自我表达的功能，是一种民间的、自下而上的、非正式的、公开的自我展示。在这种微观、日常的表达中，农民在无形中获得了参与感和认同感，并在实践中不断寻求自身的表达途径。

农民个体化的进程、农民的生存性智慧和"弱者的武器"，这三者存在逻辑推理关系，个体化是农民所处发展阶段的宏观社会背景，生存性智慧和"弱者的武器"是农民在此背景下的反应。生存性智慧是正常情况下农民追求前进的发展反应，"弱者的武器"是农民在利益受损情况下的维权反应。个体化促进农民自我意识的觉醒和个体本位的凸显，否定了因生产劳动而机械的团结，为新型公共空间即有机结合提供了意识准备。当农民开始就当前发展力量对农村公共活动和公共交往产生作用做出有机反应时，意味着在历史长河中曾经发挥着劳动人民智慧的农民，在新的历史阶段和社会背景下，正在以自己的方式追求、维护着农村公共空间。

8.2 农民自主活动对公共空间的重塑

改革开放后，农村从国家完全控制中脱离出来，农民从人民公社包办中独立出来，直接地站立在现代化的潮流中。现代化的影响直接对农民的就业、医疗、教育发挥作用，这就使得农民更加关注外界条件的变化。在这种关注意识的强化之下，农民做出自觉反应。当面对强大的现代化力量，农民的个体反应难以形成自我满足，因此个体的单独反应往往在群体层面上达成共识，形成一种新集体主义。这种新集体主义是村民之间的有机结合，并非军事管理手段所形成的机械集合。在这个集合中，个体的利益得到尊重，并放在与集体相等的位置上。每个个体因为相同或相似的利益目标而结合在一起，这一利益目标需要协作完成。可以说，以新集体主义为基础的新型公共空间以个人利益为导向，集体利益因个体利益发生变化而变化，与传统的集体主义存在相对立之处。

8.2.1 个人利益驱动下的公共性生产

许纪霖（2009）在《大我的消解——现代中国个人主义思潮的变迁》一文中分析了自古以来小我与大我的力量对比变化，而在当代大我逐渐异化、解体，小我失去了大我的规约，变异为唯我式的个人主义。尤其是在集体时代对大我的极其强调和对小我的磨灭，后集体时代的世俗经济和消费意识使得小我得到了前所未有的膨胀和大我的迷离。阎云翔（2000）在《私人生活的变革》一书中阐释了农民的"无公德个人主义"，这一命题源于阎云翔对农村青年在家庭、婚姻、彩礼中的表现，即家庭的父权权威受到了年轻人自我意识的挑战，年轻夫妇的核心家庭成为家庭主体，而非父子关系成为家庭主体，年轻人认为从父母那里得到任何东西都是"应该的"，并且用"想要啥就有啥"的个性来解释自己的这种心理。阎云翔对"无公德的个人主义"的解释源于个体在家庭中的表现。事实上，从超越了家庭的范围，进入农村社会或整个社会范围来说，这样的论断就会受到限制。梁漱溟在《中国文化要义》一书中指出，传统中国社会中家庭占较大的比重，个人占相对较小的比重，与个人相对应的团体也占较小的比重。在西方，个人的成长往往也带来了团体的成长，家庭反而处于一个相对较低的地位。

在农村社会中，农民的公德意识碎片化带来了村庄道德礼俗的重组，形成有机结合。农民只有意识到自己，才能够意识到公共，因为公共已经将自己包含在内，国家、社会、农村的发展、制度、政策都关系到个人的得失。生产时代的"公"，在农民的观念中指的是"公家"，即人民公社、生产队，农民的劳动所得都归纳到集体中。"公"的变化难以对农民产生影响，固定的工分决定了他们的劳动所得，无论制定出何种政策、制度，都难以对农民的生产、生活产生影响。而在改革开放后，农民的利益、所得直接与社会、集体相关。农民对自身权益的维护也引发了对公共事务的思考，而对公共事务的反思，也是对个人利益的维护。村民宋×兰的家就在省道旁边，当时修省道占了她家一间房的面积。在这之前，宋×兰和另外一位村民从市里找到省里，希望把路改到村外，这样既保证村庄不会被省道一分为二，也保证了自己房屋不被占。我们很难将之定义为"无公德的个人主义"，个体以个体利益为出发点，但前提是只有实现了集体目标才能实现个体的利益。个体对利益的关注，也产生了对集体利益的关注，而这种集体在于共同个体利益的形成。在一定程度上，个体的自我意识促进了村庄公共意识和公共活动的出现。

8.2.2 公共空间中的自发活动

曹海林在论述农村的正式公共空间时提出，正式公共空间也可以称为行政嵌入型公共空间。在国家力量撤除和农民自治实施之后逐渐萎缩，行政嵌入型公共空间的萎缩引发乡村"捆绑式社会关联"的解体，村庄内生型公共空间的凸显则带来乡村"自致性社会关联"发生的可能。事实上，行政性权力的撤除并不意味着国家在公共空间中的缺位，而是以一种更加隐性、软性的方式出现在农村，比如文化下乡；同时，另一种力量替代了国家曾经的强制管控，即现代化力量。现代化所包含的市场化、商品化、城市化等内容分离了乡土和乡亲，让人们不得不走向城市、工业来谋求生存。同时，在农村共同体内部，随着农民居住环境和生活方式的变化，人们的互动形式也受到了影响。但随着生活条件的改善和村庄封闭共同体不断被打乱，农民的交往需求和集体互动也在随之加强。

8.2.2.1 秧歌队

20 世纪 70 年代末，虽然恢复了村中唱戏的传统，并且在村中修建了戏台子，但是到了 20 世纪 80 年代末，村中已经鲜有请戏班子唱戏了。1995 年，副村支书陈×桥在村中组建了高跷队。当时参加的村民说："高跷队的成立没费什么力气，陈×桥自己拿出来了一部分资金，村里也出了一部分钱，购买了踩高跷的工具，村民们也都很乐意。"踩高跷的主要表演者是小孩子。因为踩高跷有一定的技术性，需要掌握平衡，而小孩子在这方面比较灵活。大人们主要是敲锣打鼓的伴奏。然而，到了 20 世纪 90 年代末，高跷队越来越难组织起来，一方面是参与者的缺少，另一方面是观众的减少，村中外出打工的人越来越多。

2000 年以后，村中的矿厂逐渐开始萎缩，矿厂的经营开始停停歇歇，在矿厂打工的女性尝试排练扭秧歌。村中 42 岁的刘阿姨是秧歌队的发起人，负责人是 72 岁的许×林。最初参加秧歌队的妇女有 12 个。为了购买扭秧歌的音响、衣服，参加秧歌队的妇女每人出了 50 元。2006 年，戏台子前的广场铺上水泥之后，夏天傍晚秧歌队的妇女都会到广场上扭一扭。随着秧歌队的逐渐成形，也突破了村的范围。2007 年以后，秧歌队在春节期间开始到其他村子"拜年"，其他村子的秧歌队也会来 A 村"拜年"。

近年来，秧歌队的练习形式又发生了变化，广场上的扭秧歌逐渐被广场舞替代。跳广场舞的发起人依旧是刘阿姨。她说"去乡里见到有一群人跳舞，非常好看，我就问人家是从哪里学的，她们说是从网上学的，我回来后也跟到网上学。"刘阿姨自费买了音响来教村民跳广场舞，最初只有五六个妇女，后来人数慢慢变多，最多的时候有 30 多人，在广场上跳广场舞成为村民夏天傍晚的主要活动。其他不跳舞的村民也三三两两地坐在广场上观看、聊天。村民在 20 世纪 90 年代初自发形成的高跷队，以及演变到当今的广场舞，共同的兴趣、爱好将他们联系起来，为留守的妇女、老人在娱乐活动中创造了村庄共同体的归属感。公共活动的形成更容易增强村民的自我意识和参与意识，从而对公共空间的塑造形成动力。

8.2.2.2　马路上的互动

在 A 村，省道穿村而过，村庄沿着省道蔓延。虽然省道将村落南北一分为二，但也给村民提供了相遇的可能。这条路连接着村东和村西，是村民出村的必经之路。因此，公路如同一个十字路口，汇聚着来来往往的人。这样的汇聚也形成了公路上的公共空间。

在 A 村，如果想搭车到乡里，很少会有人打电话去挨家问，只要站在公路边，看见熟人开车经过，就会问去不去乡里，能不能捎上。每逢农历一或六到乡里赶集，住在村东的妇女也会在路边上站一会儿，看能不能碰上从村西过来的人一起去赶集。一个人出门，而走到村东往往就是五六个人了。对于村民来说，不去公路就失去了与他人联系最便捷、自然的途径。面对面的直接交流本来是农村社会中最普遍、正常的交流，共同生活经历的减少和外出务工的增多，让这种交流难以在任何空间内发生。

8.2.2.3　应对公共服务的缺失——自行接水管

中国村落在由自立社区走向行政社区的过程中，作为小传统的乡土文化并没有在国家精英文化的大传统介入中消失，互助互惠的观念依旧在发挥作用。对于村民来说，用上自来水是一个难以解决的问题。A 村地处北方山区，村民依靠打水来解决吃水问题。在 A 村中部的主干道两旁有两口公用的水井，村民们吃水主要依赖这两口井。村民一直靠打水生活，觉得非常不方便，于是希望能用上自来水。村中的宋×栋是设计自来水安装的第一人。宋×栋说，"1989年，我是我们村第一个想到自己安装自来水的。当时设计的是自然导流，我在井里先安装了一个阀门和抽水泵，然后和周围的六户人一起建了一个小水塔，最后从里面引水到各户。"20世纪90年代，宋×栋和周围的六户用上了自来水。2005年，北京某高校资助了10多万元为A村修建了一个水塔，从而解决了村里大部分人吃水的问题。

农村的公共服务处于一个水火两重天的境遇，即国家统一规划的公共服务处于极度重视的地位，没有纳入国家统一规划的公共服务则处于一种瘫痪状态。当前，发展理念侧重经济发展而非社会发展，毫无经济利益和数字说服力的公共服务自然处于政府工作的次要位置。对于农民来说，宏观经济的增长、整体数字的提升，大多抵不过打开水龙头有水流出来更具有说服力。对于处于偏僻地带的A村来说，一条高速公路的通过，解决了农民出入问题；20世纪80年代，A村村民解决了用电问题；而解决用水不便的现状，却迟迟没有划入地方政府的工作范围。生活水平的提高和政府的缺位为农民在公共服务领域内主体性的发挥提供了空间。

8.2.3　私人空间中的公共活动

农村是一个熟人社会，在农村社区中，公共生活的减少降低了村民之间的互动频率。在建筑结构和生活习惯发生变化之后，高墙大院、洁白瓷砖使农民认为串门成了一种心理负担，担心耽误别人的劳动，使得炕上团团坐成为历史。然而，交流需求和沟通需要依旧促使村民"无事也登三宝殿"。偶尔的串门也不一定是说要有什么事情，而是正常联络感情的一种方式。68岁的杜×乐在村里建了新房，冬天在保定市、夏天回到A村生活。因为其具有较高的个人能力（在生产队时期帮助村委会集中购买过机器和农药）和比较健谈的个性，无论是村干部还是村中的能人，抑或是其他村民都喜欢去他家闲聊。大家的话题有对日常琐事所发的牢骚，有对村中公共事件的讨论，有对国家政策的评论，等等。在这样一个私人的场域中形成了公共空间。而在A村还有几个农户家也是这样的情况。一些具有相似特征的人群也会在不同的农户形成聚集。单身老汉、爱跳舞的妇女、拉矿石的司机、二十七八岁的年轻人，这些人群所形成的小团体，因为相似的身份而走到一起，每个人在这个小圈子的聚集中自由表达自己的意见和想法，而不受他人和政治、经济因素的影响。阿伦特（1999）在阐释公共空间的概念时提出，人的生存意义从本源上是政治性的，即需要在共同的活动中交换和展现自己的价值观，人在公共活动中的自由摆脱了政治和经济因素的控制才是纯粹意义上的公共空间。村民同类群体聚集的私人空间中，形成了对空间的安全感，进而自由、自愿地表达自我，这种半公开性和完全的表达性，形成了私人房屋内的公共空间。

8.3 小结

本章通过分析 A 村内部公共空间的变化，意在阐释农村由一种机械互动的共同体向有机互动的共同体转变。在流动的现代性中，农村因为流动而成为半熟人社会。然而，个体化社会所带来的个体意识和公共意识的凸显，以及农民自发性智慧和能量的发挥形成了新集体化的村落公共空间，即农民为个体利益服务，个体利益可以在群体层面上形成共识，从而形成以个体利益为集合的集体活动。这种集体活动不但尊重个体需求、个体利益，也服务于个体，并受个体动机影响而形成不同的集体活动。可以说，这种新集体是对衰落、萎缩的公共空间的重建，是一种新型公共空间，也是在"集体失语"背景下的默默表达，包含个人利益的集体行动和公共活动，成为农村公共空间的新形式。

9 结论与讨论

本章从总体上回顾并分析公共空间在发展中所遭受的境遇，意在阐释作为人文环境建设的重要内容之一——公共空间作为多元主体互动的场域，一方面受到国家和市场自上而下力量的影响，另一方面农民以此为平台形成自下而上的自反性活动。

9.1 农村公共空间的转型：一个微观社会的视角

改革开放后，中国农村社会变迁的一个主要载体是公共空间的变化。本书通过对 A 村消费空间的多元化和流动化、政治互动的功利化和自我化、社会交往的货币化、娱乐活动的个人化和阶层化、公共服务的多元化等过程进行分析，以揭示在 A 村公共空间的转型过程中，国家政策、市场力量、基层权力和村民自治多元力量对村庄的公共生活进行建构。

在农村公共空间的舞台上，由于其开放性与包容性，存在百态的社会现象和丰富的人格形象，有依旧种地的老农民、退休在家的老教师、从未参加过工作的妇女、挖矿石的工人、算命的老先生、放羊倌儿、退休老干部等。依托于物理空间，村民们谈论收成，如何储存白菜，种什么品种的核桃，你家的树是用了什么药才治好核桃腐烂病的；聊生活，县城上学孩子的房子租贵了，老陈家的二闺女吃的什么药治好了胃病，许二哥到承德打工挣了不少钱，村主任的父亲去世该给多少份子钱；谈社会问题，低保金额在明年就要提高了，修高速公路震坏了的房屋什么时候来修，垃圾乱放对身体健康有什么危害，等等。在公共空间内，村民的生活轨迹、谈话内容包含了政治、经济、社会、娱乐多个方面的内容，各种消息、信息、观点、传言流传、碰撞、交融，甚至是形成共识或公共舆论。村民们表达出对社会现象的关注，抱怨生活中遇到的不公。可以说，在公共空间内，多元化的生活内容和互动方式，形成了公共空间的万花筒。笔者从微观层面上感受到村民的兴奋与失落、满足与不满、豁达与无奈，但是研究并不能仅仅只停留在微观层面上。在公共空间的嬗变中，我们不免要将微观层面上村民的矛盾感受放置于社会背景中，来追溯宏观层面的政治国家、社会演变对地方公共生活的影响。

费孝通（1939）在《江村经济》一书中采用微型社会学的概念来解释所调研的开弦弓村政治、经济、文化、家庭等方面的内容对中国农村的映射作用。马林诺斯基在《江村经济》一书的序言中提到"通过熟悉一个小村落的生活，我们有如在显微镜下看到了整个中国的缩影"，即"微型社会人类学是指以小集体或大集体中的小单位作为研究对象去了解其中各种关系怎样亲密地在小范围中活动"（费孝通，2007）。弗思在马来西亚的一次农村调研中提出了"微型社会学"的概念，即通过一个农村社区、一个微观层面的社会来映射宏观层面中国家、社会的转变。宏观层面的调整往往是微小、渐进、隐性的，处于金字塔顶端的变动折射到金字塔底部的社会层面之后，这种难以察觉的变化在微观层面上往往会形成放大效应，是显著、激烈、措手不及的。当然，政府、社会整体的转型必然会对基层的社区单元产生作用力，自上而下的作用存在明显的合理性，然而自下而上的作用，即以基层社区层面作为入口点而推敲其背后更宏观的社会的变迁是否存在合理性？费孝通（1999）在《重读〈江村经济〉》的序中提到一种"类型比较"法。麻雀虽小，但五脏俱全，以麻雀作为观察标本，了解循环运行的原理，再推理到相同条件下或者是不同条件下其他社区，由此作为比较，进而在比较的基础上，逐步识别出不同类型的农村社会，形成由点到面，由局部到整体，用"逐渐接近"的手段来达到从局部到全面的了解。

本书以 A 村作为一个调研单元，虽然不能反映完全意义上的整体农村社会，并且也不能由此推论出整个中国农村的状况，但笔者试图以一种本土化的、地方性的知识与现状来反映中国农村正在经历的现代化阶段和社会现状，通过提供一个样本、一个农村社区的故事来加快对处于转型中的农村社会理解。同时，公共空间的存在很大程度上依赖于地方共同文化的建设，这恰恰是对发展所强调的标准化、统一化的意识形态的瓦解与挑战。改革开放后，追求现代化、城市化的意识形态成为我国发展的主要准则，而这种准则带给农村的不仅仅是楼房的新建、耕种的机械化，更多的是对农村传统文化和固定生活方式的侵蚀。农村公共空间的重建和成长，离不开农民自发自觉的反应，这恰恰是对地方性知识和本土文化的保护。这与佩鲁所强调的整体、内生、综合的新发展不谋而合。整体强调求同存异，不仅考虑人类整体的各个方面，而且在其内在的关系中考虑必须承认各个方面的不一致；内生强调一种自发的、来自内部的力量；综合强调多个指标、地域的相结合，不能以单一的指标来衡量发展（弗朗索瓦·佩鲁，1987）。农村公共空间首先表现为一种整体性，即多元互动，不同个体因不同取向、追求而形成各异的互动状态；公共空间以农民需求和服务于农民为出发点，农民在公共空间内形成自主、自发的活动，而不受外在力量干涉；当将农民、本土文化、历史承接等因素加入衡量公共空间的标准体系中，形成多维度的公共空间的考核。

9.2　无声渗透的权力

阿图罗·埃斯科瓦尔（Arturo Escobar，2011）认为，现有权力形式运作借助的不是镇压，而是标准化；不是无知，而是被控制了的知识；不是人文关怀，而是官僚化的社会运动。改革开放后，国家调整了对农村的管理方式，改变了管理体制，通过家庭联产承包责任制和村民自治形成对农村的管理。从表面上看，农民已经几乎从国家控制中撤离出来，他们可以自由安排生产时间、选择职业和就业地点、控制自己的人生轨迹，农村的公共生活似乎成为农民自己的设计。农民则成为公共空间的主人。在这个舞台上，农民畅想、规划、建设、参与他们期望的公共生活。事实上，在农村的公共空间依旧处于国家在场的状态。

"国家在场"表现为一种历时的存在和共时的存在。人民公社时期，甚至更早以抗日战争、解放战争所塑造的国家的形象依旧停留在农村的公共空间内。A村作为晋察冀抗日根据地中的一部分，当时的生活惨状和现在的幸福生活对比，往往让村民尤其是年长村民不时记起国家的好。当前媒体，如电视、网络中将类似抗日战争的题材重新搬回公众的关注中，又重新激发了国家在场的意识。

时至今日的和平、稳定、追求发展的时代，国家在场往往以正式和非正式形式存在于公共生活中。在政治公共空间，《中华人民共和国村民自治法》等法律法规规定、约束、保护农民的参与权利；在消费公共空间，政府通过税收、营业执照等方式来增加或减轻小商店的生存压力；在社会公共空间，政府对基础设施和人类服务的支持增加或减弱，控制着人们互动空间；在娱乐公共空间，政府竭力把国家意识灌输到大众娱乐之中，把大众文化引导到政治舞台，也就是魏斐德所定义的"许可娱乐"（Wakeman，1995）。官方符号使得隐藏在背后的国家具有了一种不言自明的威严，"此时无声胜有声"形塑着农民互动、参与和表达意愿。正式权力以一种符号、制度来塑造公共空间的形成与成长，那么非正式权力则依托村干部的熟人关系、面子、人情。在公共空间，利用打牌、聊天等将权力运行到农村社会中，采用劝说、诱导、哀求或者强制等"经营式动员"（马明洁和孙立平，2011），或者"软硬兼施"（孙立平和郭于华，2011）的方式来实现管理目的。追随村干部的利益者利用自身的社会资本在公共空间形成了权力的外溢，而村干部也利用这种阶层之差来实现自身的某种目的，比如以打牌、公路上邂逅、到村民家中闲聊等方式来实现相互关系的加深等。作为国家利益的地方代表——村干部，在公共空间中对村民的授意、劝说，很容易被村民上升为国家意志，认为是国家发展的需要。村干部以身份、制度、政策等话语强化了这种认识，尤其是村干部逐渐被纳入公务员的队伍中：工资由乡镇政府统一支付、任职满10年的可领退休金。在村民眼中，村干部已经成为"国家的人"。可以说，公共空间的主体——农民受村干部及其追随者的影响，进而形成不同的表达性结果，或忍耐，或牢骚，或上访，形塑着公共空间的状态。

国家对农村社会的放权为公共空间的成长提供了空间，但这种放权是一种有限的放权。有限的着眼点并不在于权力在某种方面的直接限制，而是以一种隐性、间接的作用力影响着公共空间的成长。相较于过去的控制方式，当前的权力控制以一种"润物细无声"的方式影响到农民生活的方方面面，看似将"猛虎"关起来，农民可以自由地选择，不牵涉国家政策、制度塑造下的选项。在农村公共空间，农民的日常互动和参与离不开国家层面的制度建设与政策诱导。从农村公共空间这一层面上来看，国家权力的渗透和运用具有具体性和多样化。国家对农民的消费、政治参与、社会参与和文化由过去的直接限制、禁止到现今的国家以政策进行引导，地方政府代理人以游说、合作等形式对村庄公共空间进行间接的控制、管理。国家对农村公共空间的管理由一种军事化、机械化的管理方式向一种多样化、有机的方式转变。与西方资产阶级相比，我国农民阶层力量不能以充足的物质条件来支持其公共空间的建设，并以此来维系权益，因此我国公共空间的建设依赖政府的支持。而权力则以公共空间为平台，将隐性的力量发展壮大，渗透农民的日常生活中，这种渗透对农民生活的影响又反作用于公共空间，造成其功利化、虚无化。

9.3 市场的枷锁

波兰尼提出，人类经济充分镶嵌在社会之中，市场作为经济呈现的载体也嵌入在农村社会中。在人民公社时期，当农民以军事化的管理方式存在时，国家对农村的产出——粮食进行统一分配，农村的资源以制度的方式进入城市和国家中。改革开放后，国家通过三提五统、农业税等方式来获得农村对城市发展的支持。资本的进入，将农村中的存在物划分为两种类型：商品和非商品。可以作为商品的"自然"被划入"资源"一类，与之相对的则被归为另一类，如有价值的植物是"庄稼"，与他们竞争的则被贬为"杂草"；有价值的树是"木材"，与之竞争的则是"杂"树（詹姆斯·C.斯科特，2004）。当农村资源划分出三六九等之后，农民因商品化和市场的进入也按照商品划分为商品和非商品，即劳动力和非劳动力。劳动力则意味着外出打工可以找到合适的工作，而非劳动力意味着只能是留守在家从事低回报的农业生产。国家有意将市场机制引入农村社会，土地、粮食、劳动力一切与农村有关的物品都可以划归到市场机制中，以市场价格来获得低成本的生产资源，通过市场的异化作用，将高价格的商品以市场的形式重新回到农村。在流通中，农民早已站立在市场带来的商品枷锁中。

在商品化时代，农村中的绝大部分事物都可以用货币来衡量。"这样做是否划算""那样做是否值得"成为一种价值准则。阿帕杜雷（2000）发现，印度西部农业商业化过程中，中心文化价值被侵蚀。社群的核心价值受到商业化的威胁，与市场导向有关的个人主义激增。但与西方纯粹消费的个人主义不同，中国的个体主义增长并非源自物质的充裕，而是经历了相对匮乏后形成的物质宽裕，导致农民为了克服物质匮乏而追求消费和商品的充裕。尤其是当社区的天然屏障被资本打破之后，他们不得不为自己的物质丰裕而努力。由此造成的结果是，农民流动于城市与农村之间为日益增长的生活成本而奔波，参与意识和表达需要湮没在商品带来的生存桎梏中。在小商店中、集市上、庙会里，充斥着商品、销售者、广告。人们能看到的仅仅是视线范围有限的和随机的摆设物，总体的观念消失了，更不用说"紧密的总体"了（鲍曼，2006）。市场对社会垄断，往往将农民个体纳入商品的世界中，或者是准备进入商品的世界中。农民的消费空间中市场成为主流，人际互动交往处于从属的地位，互惠、互助、礼尚往来、建房都纳入交换、雇佣机制中，人们的互动打上了货币的符号。一些基础资源，比如浇水、耕地都纳入市场流通中，农民不再是无偿享有、靠自然获得，他们可以通过货币来享受被商品化了的公共资源。农民享受的公共服务有了明码标价。

市场在权力的引入下造成了公共空间的剥离，在同一层面上，市场的进入又强化了公共空间中的阶层划分，形成权力分割的动力。市场机制带来的经济取向，使得村干部将国家给予的公共资源纳入私人范围中。农村的低保户、五保户的资格审查权由村干部说了算，弱势群体得不到资源；矿厂所支付的占地补偿款，以村干部作为中间环节。市场的进入，将权力的作用资本化，公共舆论的作用在市场所带来的商品化和货币化趋势中逐渐瓦解。

9.4　被忘记的人和没有人应该被忘记①

　　通过对 A 村公共空间转型的分析，笔者认为，在国家和市场双重影响下的公共空间具有了私人化、商品化的特征，在这两者作用下的公共空间主体以其所经历的个体化和呈现的自反性来反驳对公共生活的侵蚀。贝克所定义的个体化是资产阶级成长后对体制做出的挣脱和挑战，鲍曼所阐释的个体化生活方式是流动现代性对社会完整、个体存在的侵蚀，个体以消费者的身份重新进入社会领域中。对于中国农民来说，他们是以被动的方式抛离出集体的范畴中，独自站在现代化的浪潮中谋求自身的立足缝隙。将农村的发展和农民的社会定位放置于社会发展的背景中，我们发现，在人民公社时期，农村是社会生产的来源，在这里拥有丰富的自然资源，支持国家"赶超"英美的决心；农民是辛勤能干的劳动者，他们以生产队的方式编织成公共空间，引发社会关注。然而，在发展中，人被忽略了。处于发展浪潮中的农村社区，成了促进现代化、工业化和城市化的原料来源。当一切都指向经济腾飞时，作为农民声音、夙愿集合体的公共空间，自身无法实现经济增长，更不能成为具有升值空间的商品。因此，公共空间也就成了发展的忽略对象或牺牲对象，成了发展的工具。也就是说，强调发展和追求发展，并没有将农村公共空间带入新的成长阶段，反而将其推向另一个极端，从中消融传统文化、本土知识、熟人社会的互动逻辑等公共空间的维持力量。政治的、经济的力量以公平、透明、自愿的话语引导公共空间的建设，将各自利益放置于公共空间的"发展"中，进而以公共空间的名义再次成就"发展"的实现。

　　农村公共空间的边缘化，在一定程度上体现了农民群体的边缘化。他们的参与需求和表达意愿被发展呼吁的经济增长、理性思考淹没，并且以一种标准化和普遍化的准则将公共空间中的多元声音做统一处理，忽略了个体的差异性（莫洲瑾等，2020）。工业化、城市化、现代化所欠缺的是

---

　　①　两者都是指农民。农民是被忽略的对象，原因在于他们无法实现发展所强调的效率和工业化特征。然而新发展观强调多元性、包容性，故应将边缘群体、弱势群体纳入进来，其中包括农民。

对人文精神的关怀、对差异性的尊重、对多元化的包容，而这些恰恰是农村公共空间所具有的特质。在被迫的个体化进程中，农民在私的基础上，在微观层面中试图建立能够包含私利、包容不同声音的公共空间。与土地、自然打交道的农村，一直被贴上落后、愚昧的标签，在日新月异的技术、设备、事物的面前，他们成为亟待帮助的对象。萨林斯提醒我们，应该注意到本土社会自身转化外来势力的能力，文化并不是那种轻而易举就会消失的东西（赵旭东，2001）。也就是回归到对他者的关怀，这意味着不能将农民放在发展的对立面上，而是将发展放置于农民的范畴。从农民的视角来看待发展，按照他们的参与意愿和表达需求重塑他们所需要的公共空间，注重空间主义的建设与治理（许中波，2019；严晶，2020；魏璐瑶 等，2021；王同文 等，2022）。

发展模式的单一性、衡量指标的片面性，一方面，将农村和社会领域放置于忽略的位置，导致农村发展落后于城市、社会领域的发展落后于经济；另一方面，经济性的指标所需要的更多的是市场及其空间，而这种经济意识的繁衍是试图建立一个均质的空间，假设平等和相同的人具有相同的能动性，这些思维活动把生理需求、自然冲动同理论的和伦理的愿望等量齐观的事实（弗朗索瓦·佩鲁，1987）。没有发展主义所产生的社会风险和农民被迫个体化，也不会产生农民对公共空间的需求和再造①。从一定程度上说，农民对公共空间的重新整理和维持表现出一种自我关怀的意识。具有多元性、个性化的公共空间，包容着农民的不同声音，承载着村庄的公共生活和共同信仰，也呈现着新发展观所强调的整合性、内生性和文化性。农村公共空间是一个农民发挥自主、进行自我管理的空间，在这个空间内具有一定民主性、平等性，具有"另类乌托邦"的特质。但公共空间成长及其内部的自发行动又受到权力、市场的限制，为寻求自身持续存在的可能，农村草根行动对反"新"发展的力量进行抗争②。

---

① 农民需要新型公共空间来抵御社会风险，获得社会支持。
② "新"发展为上文提到的整合性、内生性和文化性，反"新"发展力量则是前一句所提到的权力和市场的限制，对这两种力量的反抗。

参考文献

[1] 阿图罗·埃斯科瓦尔.遭遇发展：第三世界的形成与瓦解 [M].汪淳玉，吴惠芳，潘璐，译.北京：社会科学文献出版社，2011：172.

[2] 阿帕杜雷.印度西部农村技术与价值的再生产 [M] // 发展的幻象.许宝强，汪辉.北京：中央编译出版社，2000：205-244.

[3] 艾丽娟，蔡艳红.20世纪90年代以来我国教育成本的变化趋势与对策分析 [J].辽宁教育研究，2006 (5)：24-28.

[4] 埃利希·伟洛姆.健全的社会 [M].孙恺洋，译.北京：中国文联出版社，1988：134.

[5] 安东尼·吉登斯.民族-国家与暴力 [M].胡宗泽，译.北京：生活·读书·新知三联书店，1998.

[6] 包亚明.空间、文化与都市研究：包亚明研究院在上海大学的讲演 [J].文汇报，2005 (11).

[7] 尚·布希亚.物体系 [M].林志明，译.上海：上海人民出版社，2001：49.

[8] 查尔斯·赖特·米尔斯.权力精英 [M].许荣，译.南京：南京大学出版社，2004.

[9] 曹海林.村落公共空间：透视乡村社会秩序生成与重构的一个分析视角 [J].天府新论，2005 (4).

[10] 曹海林.村落公共空间与村庄秩序基础的生成：兼论改革前后乡村社会秩序的演变轨迹 [J].人文杂志，2004 (6)：164-169.

[11] 曹海林.乡村社会变迁中的村落公共空间：以苏北窑村为例考察村庄秩序重构的一项经验研究 [J].中国农村观察，2005 (6).

[12] 陈建国. 发达地区农村基层民主选举的新情况新问题：对绍兴市村两委换届选举的跟踪调研 [J]. 中共浙江省委党校党报，2010（3）：116-122.

[13] 陈竹，叶珉. 什么是真正的公共空间：西方城市公共空间理论与空间公共性的判定 [J]. 国际城市规划，2009（3）：44-51.

[14] 戴利朝. 茶馆观察：农村公共空间的复兴与基层社会整合 [J]. 社会，2005（5）.

[15] 邓正来. "生存性智慧"与中国发展研究论纲 [J]. 中国农业大学（社会科学版），2010（4）：5-20.

[16] 杜赞奇. 文化、权力与国家：1900—1942 年的华北农村 [M]. 南京：江苏人民出版社，1994，32.

[17] 费孝通. 乡土中国　生育制度 [M]. 北京：北京大学出版社，1998，73.

[18] 费孝通. 江村经济 [M]. 北京：商务印书出版社，2001：281.

[19] 费孝通. 人的研究在中国：个人的经历 [J]. 读书，1990（10）：3-12.

[20] 费孝通. 中国士绅 [M]. 赵旭东，秦志杰，译. 北京：生活·读书·新知三联书店，2009.

[21] 弗朗索瓦·佩鲁. 新发展观 [M]. 张宁，丰子义，译. 北京：华夏出版社，1987：4.

[22] 福柯. 治理术 [M]. 赵晓力，译. 上海：上海人民出版社，2010.

[23] 菲利浦·汉森. 历史、政治与公民权：阿伦特传 [M]. 刘佳林，译. 南京：江苏人民出版社，2004：50.

[24] 傅谨. 百年越剧与农民的公共生活 [J]. 南风窗，2006（5）：78-80.

[25] 福克斯·米勒. 后现代公共行政 [M]. 楚艳红，曹沁颖，吴巧林，译. 北京：中国人民大学出版社，2002，129.

[26] 郭为桂. 公共空间与公民参与：大众民主的困境及其出路 [J]. 重庆社会科学，2005（9）：92-97.

[27] 汉娜·阿伦特. 人的条件 [M]. 竺乾威，等译. 上海：上海人民出版社，1999.

［28］韩国明，王鹤，杨伟伟.农民合作行为：乡村公共空间的三种维度：以西北地区农民合作社生成的微观考察为例［J］.中国农村观察，2012（5）.

［29］何兰萍.从公共空间看农村社会控制的弱化［J］.理论与现代化，2008（2）：100.

［30］韩俊，陈吉元.人口大国的农业增长［M］.上海：上海远东出版社，1996.

［31］贺雪峰，罗兴佐.农村公共品供给：税费改革前后的比较与评述［J］.天津行政学院学报，2008（9）：28-35.

［32］黑格尔.法哲学原理［M］.范扬，张企泰，译.北京：商务印书馆，1996，271.

［33］淮茗.民间的力量：从《乡村戏曲表演与中国现代民众》说起［J］.上海戏剧，2004（1）：25-29.

［34］亨利·萨姆奈·梅因.古代法［M］.瞿慧虹，高敏，译.北京：九州出版社，2007：213.

［35］亨利·列斐伏尔.空间与政治［M］.李春，译.上海：上海人民出版社，2008：38.

［36］赫伯特·马尔库塞.单面人［M］.左晓斯，等译.长沙：湖南人民出版社，1988.

［37］黄冬娅.国家如何塑造抗争政治：关于社会抗争中国家角色的研究评述［J］.社会学研究，2011（2）：217-244.

［38］黄宗智.经验与理论：中国经济、社会与法律的实践历史研究［M］.北京：中国人民大学出版社，2007：17.

［39］胡英泽.水井与北方乡村社会：基于山西、陕西、河南省部分地区乡村水井的田野考察［J］.近代史研究，2006.

［40］黄宗智.中国研究的范式问题讨论［M］.北京：社会科学文献出版社，2003.

［41］高红，魏平平."消费社会"与公共性再生产的路径选择［J］.云南行政学院学报，2011（1）：14-18.

［42］高中建.村民自治过程中的十大问题及理论探析［J］.河南社会科学，2003（3）.

［43］高鉴国，高功敬.中国农村公共品的社区供给：制度变迁与结构互动［J］.社会科学，2008（3）：68-78.

［44］高清海，张海东.社会国家化与国家社会化：从人的本性看国家与社会的关系［J］.社会科学战线，2003（1）：1-9.

［45］古学斌，张和清，杨锡聪.地方国家、经济干预和农村贫困：一个中国西南村落的个案分析［J］.社会学研究，2004（2）.

［46］加利·金，罗伯特·基欧汉，悉尼·维巴.社会科学中的研究设计［M］.陈硕，译.上海：格致出版社，2010：67-69.

［47］金耀基.人际关系中的人情分析［M］//金耀基.中国社会与文化.香港：牛津大学出版社，1993.

［48］金一虹.流动的父权：流动农民家庭的变迁［J］.中国社会科学，2010（4）：151-167.

［49］简·雅各布斯.美国大城市的死与生［M］.金衡山，译.南京：译林出版社，2005：2.

［50］卡尔·波兰尼.大转型：我们时代的政治与经济起源［M］.冯钢，刘阳，译.杭州：浙江人民出版社，2007：216.

［51］康晓光.权力的转移-转型时期中国权力格局的变迁［M］.杭州：浙江人民出版社，1999.

［52］克利福德·格尔兹.尼加拉：十九世纪巴厘剧场国家［M］.赵丙祥，译.上海：上海人民出版社，1999.

［53］莱斯特·萨拉蒙.公共服务中的伙伴：现代福利国家中政府与非营利组织的关系［M］.田凯，译.北京：商务印书馆，1995：4.

［54］梁漱溟.中国文化的要义［M］.上海：上海人民出版社，2005：108.

［55］廉如鉴."自我主义"抑或"互以地方为重"：查序本位和伦理本位之间的尖锐分歧［J］.开放时代，2009（11）：68-79.

［56］李远行.互构与博弈：当代中国农村组织的研究与建构［J］.开放时代，2004（6）：89-101.

［57］李婷婷.从批判的地域主义到自反性地域主义：比较上海新天地和田子坊［J］.世界建筑，2010（12）：122-128.

[58] 李小平，卢福营. 村民分化与村民自治 [J]. 中国农村观察，2002 (1)：64-70.

[59] 李小云，孙俪. 公共空间对农民社会资本的影响：以江西省黄溪村为例 [J]. 中国农业大学学报（社会科学版），2007 (1)：82-96.

[60] 李卫平，石光，赵琨. 我国农村卫生保健的历史、现状与问题 [J]. 管理世界，2003 (4)：34-35.

[61] 李晶. 空间的性别　性别的空间：论《琐事》中家庭空间的政治关系 [C]. 当代美国戏剧研究：第4届全国美国戏剧研讨会论文集，2009：180-190.

[62] 林辉煌. 变迁社会中的公共空间与私人空间 [J]. 长春市委党校学报，2010 (6).

[63] 林光彬. 社会等级制度与"三农"问题 [J]. 改革，2002 (2)：107-111.

[64] 柳云飞. 合理构建乡村社会未来的治理模式 [J]. 社会主义研究，2005 (1)：103-105.

[65] 励小捷. 农村文化建设的几个问题 [J]. 工作通报，2006：33.

[66] 刘晓欣. "公共利益"与"私人利益"的概念之辨 [J]. 湖北社会科学，2011 (5)：124-127.

[67] 吕卓红. 川西茶馆：作为公共空间的生成和变迁 [D]. 北京：中央民族大学，2003.

[68] 刘光宁. 集体主义价值体系的困境和嬗变 [J]. 宁夏社会科学，1999 (1).

[69] 刘娟，陆继霞，叶敬忠. 社会保障资源安排中的逻辑与政治：以华北一个村庄为例 [J]. 公共管理学报，2012 (1)：25-35.

[70] 罗威廉. 晚清帝国的"市民社会"问题 [M] // 黄宗智. 中国研究的范式问题讨论. 北京：社会科学文献出版社，2003：172-195.

[71] 路易·摩尔根. 美洲土著的房屋和家庭生活 [M]. 李培茱，译. 北京：中国社会科学出版社，1985.

[72] 卢梭. 社会契约论 [M]. 李平沤，译. 北京：商务印书馆，2003.

［73］金自宁. 公共空间与政治自由的实践：解读阿伦特"积极自由"观［J］. 比较法研究，2009（1）：134-144.

［74］马翠军. 村民自治：政治话语还是发展话语［J］. 读书，2009（10）：29-34.

［75］马明洁，孙立平. 权力经营与经营式动员：一个"逼民致富"的案例分析［M］//王汉生，杨善华. 农村基层政权运行与村民自治. 北京：中国社会科学出版社，2001.

［76］中共中央马克思恩格斯列宁斯大林著作编译局. 马克思恩格斯全集：第2卷［M］. 北京：人民出版社，2005：345.

［77］中共中央马克思恩格斯列宁斯大林著作编译局. 马克思恩格斯选集：第2卷［M］. 北京：人民出版社，1995：294.

［78］马克思. 黑格尔法哲学批判［M］//马克思恩格斯全集：第1卷. 北京：人民出版社，1956：284.

［79］迈克尔·H. 莱斯诺夫. 二十世纪的政治哲学家［M］. 冯克利，译. 北京：商务印书馆，2001.

［80］玛丽·兰金. 中国公共领域观察［M］//黄宗智. 中国研究的范式问题讨论. 北京：社会科学文献出版社，2003：196-219.

［81］曼瑟尔·奥尔森. 集体行动的逻辑［M］. 陈郁，等译. 上海：上海人民出版社，1995.

［82］孟德斯鸠. 论法的精神（上册）［M］. 许明龙，译. 北京：商务印书馆，1961：8.

［83］米歇尔·福柯. 必须保卫社会［M］. 钱翰，译. 上海：上海人民出版社，1999.

［84］皮埃尔·布迪厄. 男性统治［M］. 刘晖，译. 深圳：海天出版社，2002.

［85］彭勃. 乡村治理：国家介入与体制选择［M］. 北京：中国社会出版社，2002，68.

［86］齐格蒙特·鲍曼. 全球化：人类的后果［M］. 郭国良，徐建华，译. 北京：商务印书馆，2001：24.

［87］齐格蒙特·鲍曼. 个体化社会［M］. 范祥涛，译. 上海：上海三联书店，2002：8.

[88] 齐格蒙特·鲍曼.被围困的社会 [M].郇建立,译.南京:江苏人民出版社,2006:24.

[89] 齐美尔.社会是如何可能的:齐美尔社会学文选 [M].林荣元,编译.南宁:广西师范大学出版社,2002:3.

[90] 齐美尔.社会学:关于社会化形式的研究 [M].林荣元,译.北京:华夏出版社,2002:153.

[91] 渠敬东,周飞舟,应星.从总体支配到技术治理:基于中国30年改革经验的社会学分析 [J].中国社会科学,2009 (6):101-129.

[92] 秦晖.公益事业发展史的中国模式:共同体·社会·大共同体(论文节选) [J].中国青年科技,1999 (10):15-16.

[93] 秦晖.第三部门、文化传统和中国改革:关于中国第三部门历史、现状与未来走向的若干问题 [M] // 秦晖.秦晖文集.长春:长春出版社,1999.

[94] 任和.中国农村公共服务供给 [J].中国农村观察,2016 (4):67-80.

[95] 尚·布希亚.消费社会 [M].刘成富,全志钢,译.南京:南京大学出版社,2014:137.

[96] 斯特凡纳·托内拉.城市公共空间社会学 [J].黄春晓,陈烨,译.国际城市规划,2009 (4):40-46.

[97] 塞拉·本哈比.民主与差异:挑战政治的边界 [M].黄相怀,译.北京:中央编译出版社,2009:8-87.

[98] 施坚雅.中国农村的市场和社会结构 [M].北京:中国社会科学出版社,1998:130.

[99] 司马雅伦.礼物、贿赂与关系:布迪厄的社会资本再思考 [J].中国农业大学学报(社会科学版),2007 (4):79-92.

[100] 宋彭.公共服务的使命与实现:兼论公共服务市场化及其误区 [J].四川行政学院学报,2011 (1):27-31.

[101] 孙立平,郭于华."软硬兼施":正式权力非正式运作的过程分析:华北B镇收粮的个案研究 [M] //王汉生,杨善华.农村基层政权运行与村民自治.北京:中国社会科学出版社,2001.

[102] 贾五贝."生存性智慧"与中国模式：邓正来教授在比利时根特大学的讲演 [N]. 文汇报，2011-07-18.

[103] 谭兢嫦，信春鹰. 英汉妇女与法律词汇释义 [M]. 北京：中国对外翻译出版公司，1995.

[104] 田先红. 从维权到谋利：农民上访行为逻辑变迁的一个解释框架 [J]. 开放时代，2010（6）：24-42.

[105] 田毅鹏，陶宇."新发展主义"的理论谱系及问题表达 [J]. 福建论坛（人文社会科学版），2010（10）：153-159.

[106] 魏斐德. 市民社会和公共领域问题的论争：西方人对当代中国政治文化的思考 [M] //黄宗智. 中国研究的范式问题讨论. 北京：社会科学文献出版社，2003：139.

[107] 汪晖. 语词梳理 Public sphere（公共领域）[J]. 读书，1995（6）.

[108] 汪原."日常生活批判"与当代建筑学 [J]. 建筑学报，2004（3）：18-21.

[109] 汪东东. 消费社会中心穷人的生存境遇研究：论鲍曼的后现代穷人观 [J]. 华东理工大学学报，2013（4）：22-29.

[110] 王绍光."公民社会"VS."人民社会""公民社会"：新自由主义编造的粗糙神话 [J]. 人民论坛，2013（8）.

[111] 王春光，孙兆霞，罗布龙，等. 村民自治的社会基础和文化网络：对贵州省安顺市 J 村农村公共空间的社会学研究 [J]. 浙江学刊，2004（1）.

[112] 王铭铭. 西方人类学名著提要 [M]. 南昌：江西人民出版社，2004：273.

[113] 王玲，申恒胜."公共领域"之系谱考察 [J]. 学习与实践，2007（11）：143-149.

[114] 王玲. 村庄公共空间：秩序建构与社区整合 [D]. 武汉：华中师范大学，2008.

[115] 王颖. 新集体主义与乡村现代化 [J]. 读书，1996（10）：59-65.

[116] 王德福. 缺失公共性的公共空间：基于浙东农村的考察 [J]. 中共宁波市委党校学报，2011（2）.

[117] 王斯福. 乡土社区的秩序、公正与权威 [M]. 北京：中国政法大学出版社，1997：414.

[118] 王晨丽."自反性个人主义"与组织中的"游离行为"：F. G. 贝利个人与组织关系理论初探 [J]. 理论界, 2010 (9)：183-186.

[119] 王易萍. 地方戏剧在乡村公共文化生活变革中的价值：以广西平南牛歌戏为个案 [J]. 湖南农业大学学报（社会科学版）, 2010 (3)：18-25.

[120] 北京大学, 北京师范大学, 北京师范学院, 等. 文学运动史料选（第二册）[M]. 上海：上海教育出版社, 1979.

[121] 卫兴华. 中国社会保障制度研究 [M]. 北京：中国人民大学出版社, 1994, 140.

[122] 吴毅. 村治中的政治人：一个村庄村民公共参与和公共意识的分析 [J]. 战略管理, 1998 (1)：96-103.

[123] 吴晓燕. 集市变迁与现代国家对乡土社会的整合 [J]. 求索, 2009：91-95.

[124] 伍琼华. 生态文化基础上的公共空间变迁与重构 [J]. 思想战线, 2005 (5).

[125] 吴正勇, 欧阳曙. 贝克、吉登斯和拉什论自反性现代化：《自反性现代化》解读 [J]. 湖州师范学院学报, 2003 (5)：104-108.

[126] 乌尔里希·贝克, 伊丽莎白·贝克. 个体化 [M]. 李荣山, 范譞, 张惠强, 译. 北京：北京大学出版社, 2011：7.

[127] 乌尔里希·贝克, 安东尼·吉登斯, 斯科特·拉什. 自反性现代化 [M]. 赵文书, 译. 北京：商务印书馆, 1997：5.

[128] 许纪霖. 大我的消解：现代中国个人主义思潮的变迁 [J]. 中国社会科学辑刊, 2009.

[129] 项飙. 流动、传统网络市场化与"非国家空间" [M] //张静. 国家与社会. 杭州：浙江人民出版社, 1998：141.

[130] 萧邦齐. 血路：革命中国中的沈定一（玄庐）传奇 [M]. 南京：江苏人民出版社, 1999：249.

[131] 向益红. 从"虚假需求"到"异化消费"："西方马克思主义"现代消费观批判及其现实意义 [J]. 重庆工学院学报, 2006 (6)：37-41.

[132] 许欣欣. 当代中国社会结构变迁与流动 [M]. 北京：社会科学文献出版社, 2000.

［133］徐晓燕，叶鹏.消费时代城市公共空间的异化［J］.规划广角，2008（2）：72-75.

［134］徐勇.村干部的双重角色：代理人与当家人［J］.二十一世纪，1999（3）.

［135］徐勇.村民自治的成长：行政放权与社会发育：1990 年代后期以来中国村民自治发展进程的反思［J］.华中师范大学学报（人文社会科学版），2005（3）：2-8.

［136］徐勇.国家整合与社会主义新农村建设［J］.社会主义研究，2006（1）：3-9.

［137］徐浩.清代华北农村市场［J］.学习与探索，1999（4）：131-137.

［138］许源源，邹丽."行政国家"与"隐形社会"：农村扶贫中的国家与社会关系［J］.社会主义研究，2010（3）：50-55.

［139］许纪霖.从范式的确立转向范例的论证［M］//张静.国家与社会.杭州：浙江人民出版社，1998：305.

［140］亚里士多德.政治学［M］.吴寿彭，译.北京：商务印书馆，1965：140.

［141］严海蓉.虚空的农村和空盛的主体［J］.读书，2005（7）：83.

［142］杨念群."市民社会"研究的一个中国案例：有关两本汉口研究著作的论评［J］.中国书评（香港），1995（5）.

［143］杨玉秀.通过社会网络调动资源：社会资本理论研究及其新进展［J］.中国社会科学报，2011.

［144］阎云翔.礼物的流动：一个中国村庄中的互惠原则与社会网络［M］.上海：上海人民出版社，2000.

［145］叶敬忠.一分耕耘未必有一分收获：当农民双脚站在市场经济之中［J］.中国农业大学学报（社会科学版），2012（1）：5-13.

［146］叶敬忠.留守人口与发展遭遇［J］.中国农业大学学报（社会科学版），2011（1）：5-12.

［147］叶敬忠，安苗.留守人口与社区公共空间［J］.今日中国论坛，2008（1）：107-111.

［148］叶涯剑.空间社会学的缘起及发展：社会研究的一种新视角［J］.河南社会科学，2005（5）：73-78.

［149］应星．"气"与抗争政治：当代中国乡村社会稳定问题研究［M］．北京：社会科学文献出版社，2011．

［150］俞可平．马克思的市民社会理论及其历史地位［J］．中国社会科学，1993（4）：59-75．

［151］俞可平．中国公民社会：概念、分类与制度环境［J］．中国社会科学，2006（1）：109-125．

［152］于建嵘．岳村政治：转型期中国乡村政治结构的变迁［M］．北京：商务印书馆，2001．

［153］尤尔根·哈贝马斯．公共领域的结构转型［M］．曹卫东，等译．北京：学林出版社，1999．

［154］尤尔根·哈贝马斯．公共空间与政治公共领域：我的两个思想主题的生活历史根源［N］．社会学视野网，2011-04-20．

［155］余舜德．空间、论述与乐趣：夜市在台湾社会的地位［M］∥黄应贵．空间、力与社会．台北：中央研究院民俗研究所，1999：391-462．

［156］张良．乡村公共空间的衰败与重建：兼论乡村社会整合［J］．学习与实践，2013（10）：91-101．

［157］张良．现代化进程中的个体化与乡村社会重建［J］．浙江社会学刊，2013（3）：4-12．

［158］张兆曙．草根智慧与社会空间的再造：浙江经验的一种空间社会学解读［J］．浙江社会科学，2008（4）：2-7．

［159］张英洪．农民、公民权与国家［M］．北京：中央编译出版社，2013，116．

［160］张岸元，白文波．乡村"三提五统"的理论、政策与实践［J］．战略与管理，2000（1）：37-40．

［161］张健．新集体主义：当代中国市民社会的价值取向［J］．唯实，2004（8）：47-50．

［162］赵万里，王红昌．自反性、专家系统与信任：当代科学的公众信任危机探析［J］．黑龙江社会科学，2012（2）：87-93．

［163］赵旭东．神话的文化解释及其争论［J］．民俗研究，2001（1）：57-169．

［164］赵旭东.乡村成为问题与成为问题的中国乡村研究［J］.社会科学，2008（3）：110-118.

［165］赵晓峰.公私定律：村庄视域中的国家政权建设［D］.武汉：华中科技大学，2011.

［166］邵春霞，彭勃.谁的"公共领域"：概念运用的困惑与修正［J］.新闻大学，2007（2）：46-52.

［167］詹世友.公共领域·公共利益·公共性［J］.社会科学，2005（7）：64-74.

［168］郑真真.外出经历对农村妇女初婚年龄的影响［J］.中国人口科学，2002（2）：61-65.

［169］周尚意，龙君.乡村公共空间与乡村文化建设：以河北唐山乡村公共空间为例［J］.河北学刊，2003（3）：72-79.

［170］周颖.农村政治冷漠的政治传统原因分析［J］.黑河学刊，2010（11）：74-77.

［171］周飞舟.从汲取型政权到"悬浮型"政权：税费改革对国家与农民关系之影响［J］.社会学研究，2006.

［172］詹姆斯·C.斯科特.弱者的武器［M］.郑广怀，张敏，何江穗，译.南京：译林出版社，2011.

［173］詹姆斯·C.斯科特.国家的视角：那些试图改善人类状况的项目是如何失败的［M］.王晓毅，译.北京：社会科学文献出版社，2004.

［174］景跃进.中国农村基层治理的逻辑转换：国家与社会关系的在思考［J］.治理研究，2018（1）.

［175］乐章，涂丽.农村基层自治组织功能与农民政治参与程度：基于十省农户调查数据实证分析［J］.经济与管理，2015（2）.

［176］梁永佳.庙宇重建与共同体道德：以大理 Z 村空间差异为例［J］.社会学研究，2018（3）.

［177］欧阳静.村级组织的官僚化及其逻辑［J］.南京农业大学学报（社会科学版），2014（6）.

［178］王同文、李亚、李海栋、张运兴.基于 CSSCI 数据库的城市公共空间知识图谱分析［J］.城市建筑，2022（23）.

[179] 许中波. 日常生活批判视角下城市更新中的空间治理: 以武昌内城马房菜市场动迁为例 [J]. 城市问题, 2019 (4).

[180] 徐宁. 多学科视角下的城市公共空间研究综述 [J]. 风景园林, 2021 (4).

[181] 严晶. 走向空间正义的城市公共空间规划路径 [J]. 苏州大学学报 (哲学社会科学版), 2020 (6).

[182] 尤尔根·哈贝马斯. 在事实与规范之间: 关于法律和民主法治国的商谈理论 [J]. 童世骏, 译. 北京: 三联书店, 2003.

[183] 张诚, 刘祖云. 乡村公共空间的公共性困境及其重塑 [J]. 华中农业大学学报 (社会科学版), 2019 (2).

[184] ANDERSON E. Code of the street: decency, violence and the moral life of the inner city [M]. New York: W. W Norton, 1999.

[185] BOURDIEU P. Outline of a theory of practice [M]. Cambridge: Cambridge University Press, 1977: 195.

[186] HENRI LEFEBVRE. Everyday life in the modern world [M]. Harper & Row Publishers, 1971.

[187] HANNAH ARENDT. The human condition [M]. New York: Doubleday Anchor Books, 1959.

[188] JANE JACOBS. The death and life of great America cities [M]. New York: Random House, 1982.

[189] LOFLAND L H. The public realm: exploring the city's quintessential social territory [M]. New York: Aldine de Gruyter, 1998.

[190] JEAN C. Fiscal reform and the economic foundations of local state corporatism [J]. World Politics, 1992, 45 (1).

[191] JEAN C VEEVERS. Women in the driver's seat: trends in sex differences in driving and death [J]. Population Research and Policy Review, 1982, 1 (2): 171-182.

[192] MARCEL HENAFF, TRACY B STRONG. Public space and democracy [M]. Minneapolis: University of Minnesota Press, 2001.

[193] JEANE C OI. Eeonomic develoment, sability and demoeratic village self-governance [M]. Hong Kong: The Chinese University Press, 1996.

[194] OBRIEN KEVIN, LI LIANJIANG. Villagers and popular resistance in contemporary China [J]. Modern China, 1999, 22 (1).

[195] OBRIEN KEVIN, LI LIANJIANG. Eeonomic development and village elections in rural China [J]. Journal of Contemporary China, 1996 (8).

[196] PARK R E. Reflection on communication and culture [J]. American Journal of Sociology, 1938, 44 (2): 187-205.

[197] REBECCA SPANG. The invention of the restauant: paris and modern gastronomic culture [J]. Haravard University Press, 2000 (4): 298.

[198] SAMPAIL D, KING R. "It is not everyboy that wants to stay on a remote islan": unerstaning distinction in the context of lifestyle migrants growing older in the Azores [J]. Journal of Rural Sudies, 2019, 72: 186-195.

[199] SEN A K. Rarional fools: a critique of the behavioural foundation of economic theory [J]. Philosophy and Public Affair, 1997 (6): 317-344.

[200] SHARON ZUKIN. The cultures of cities [J]. Blackwell Publishers, 1996 (1): 257.

[201] WAKEMAN. Licensing leisure: the chinese nationalists attempt to regulate Shanghai, 1927—1949 [J]. Journal of Asian Studies, 1995 (1): 19-42.

[202] YARDLEY L. Demonstrating validity in qualitative psycholygy [M]. Los Angeles: Sage, 2009: 235-251.

后记

再次打开此文档，曾经的景象从记忆深处冒出来——2012—2014年调研时的寒冷与温暖，访谈时的欣喜与胆怯，撰写时的文思泉涌与迷茫惆怅，修改时的艰难与畅快，将我拉回到学生时代。如今在教师办公室里写下此书的结尾，略有惆怅与期待。惆怅的是在工作中并没有延续曾经的研究主题，在紧张而充实的科研工作中没有取得耀眼的成绩，但几年的坚持与努力也让我不断有新的收获。

本书的最终面世离不开身边诸多师友的帮助和启迪。首先感谢我的导师——中国农业大学人文与发展学院的叶敬忠教授。最初，我认识叶老师源于对"留守"的关注，他对"留守人口"的学术研究和具有人文情怀的论述风格，让我深受感动。自我进入博士研究生阶段的学习之后，叶老师深厚的学识积累、坚定的学术追求、认真的研究态度和强烈的社会责任感无不鞭策着我前进。叶老师博古通今、触类旁通，对浅显的问题有着深刻的理解，对常见的社会问题有着独到的分析视角，他对做人、做学术强调"独立之精神、自由之思想"，这重塑了我的学术人格，激发我在面对社会问题和学术言论时做到独立判断和独立思考。固定的读书汇报和文章阅读，让我养成了读书习惯，能够在一个充斥着物质、不断强调数量增长的社会中安静下来阅读、思考。这两个习惯的习得成为我宝贵的财富。我的每一次进步、每一步成长都离不开叶老师的指导、熏陶和帮助。唯有在今后的学习和工作中继续保持老师的为人和治学精神，才能不辜负老师的辛苦和期许，并以此作为学生对老师的敬意。

此外，学院中各位老师的人格魅力和学术风格也对我的学术研究起到重要的引领作用：李小云老师、左亭老师的专业课带我认识到专业领域的魅力，刘燕丽老师的批判思考、孙庆忠老师的人文情怀、熊春文老师的严谨理性、朱启臻老师的敏捷多才、梁永佳老师的博学多识使我受益匪浅，感谢各位老师在我课程学习、论文开题以及论文撰写过程中的指导和提出的宝贵意见。学院中的刘晓林老师、杨林老师和龚利老师在我做调研的过程中提供具体信息、给我鼓励支持、帮我处理学院中的信件，让我在实地调研中能够尽快熟悉工作并减少后顾之忧。衷心感谢学院中培养我、帮助我的每一位老师。

　　感谢师门研究团队中各位老师和同门师兄姐妹的支持和帮助。感谢吴慧芳老师、陆继霞老师、贺聪志老师、饶静老师、张克云老师、潘露老师对我的开导、关心，给予了我勇气和动力，帮助我消除了学习和生活中的彷徨；感谢任守云师姐、刘娟师姐、孙睿昕师兄对我的鼓励和指导，任守云师姐在国外进修学习，不顾时差帮我修改论文，提出中肯的意见，并与我讨论；感谢李华师姐、王为径师姐、陈世栋师兄，从我进入师门选取阅读书目、阅读文章，到论文开题、调研，直到最后的论文修改，都默默地帮助我，并不断鼓励我克服一个个难关，王为径师姐的霸气支持和李华师姐的柔情安慰让我在苦闷的沉思中获得灵感，难忘实地调研中的"卧聊"；感谢付会洋师妹、冯小师妹、曾红萍师妹、徐思远师妹、屠晶师妹、张瑾师妹、郁世平师妹、王维师妹、林杜娟师妹给予的帮助。衷心地感谢师门中的每一位成员。

　　我很庆幸在攻读博士学位阶段依旧能拥有一个如幼儿园一般热闹团结的班集体。感谢邱密、杨瑞玲、袁明宝、邢成举、何津与我讨论论文，一起在图书馆学习；感谢宁夏、丁宝寅在调研中的陪伴和讨论；感谢周恩宇在开题时的鼓励和帮助；感谢葛志军、付恭华、张纯刚、李玉新、郑鹏、樊军亮、张悦、吴渭、刘靖、路冠军、王海军的支持和鼓励；感谢挚友李琳琳，在需要的时候陪伴我，在困难的时候帮助我，在沮丧的时候鼓励我，在脆弱的时候开导我，一起的欢笑和一起流下的眼泪都是难忘而不可磨灭的回忆。

　　感谢房东叔叔、阿姨为我提供的良好食宿，带我认识村中村民，A村村民的善良、热情、淳朴，打消了我的顾虑；感谢我的访谈对象，能放下手中的劳作，打开心扉与我聊天，无私分享他们的经历与感受，感谢他们的理解和信任。

　　感谢西南财经大学社会发展研究院和人文学院各位领导和同事对我的关心和照顾，他们对本书的支持和关注，使得本书得以完善和出版。

　　感谢我的家人，他们一如既往的支持、包容和陪伴是我成长路上最温暖的收获。

　　眼前的这本书，是我对曾经的学习和工作的阶段性总结。作为个人学术历程的第一本书，自知肯定会存在种种遗憾与不足，但这也是我前进的动力。结束亦起点，继续前行。

陈晶环

2022年5月